香帅 / 著

THE SECRET OF YOUR MONEY

钱从哪里来

中国家庭的财富方案

Vol.1

中信出版集团 | 北京

图书在版编目（CIP）数据

钱从哪里来：中国家庭的财富方案 / 香帅著 . --
北京：中信出版社，2020.1（2024. 2 重印）
ISBN 978-7-5217-1300-8

Ⅰ. ①钱…　Ⅱ. ①香…　Ⅲ. ①金融投资－通俗读物
Ⅳ. ① F830.59-49

中国版本图书馆 CIP 数据核字（2019）第 269653 号

钱从哪里来——中国家庭的财富方案
著者：　香　帅
出版发行：中信出版集团股份有限公司
（北京市朝阳区东三环北路 27 号嘉铭中心　邮编　100020）
承印者：　北京通州皇家印刷厂

开本：880mm×1230mm　1/32　　印张：7.25　　字数：146 千字
版次：2020 年 1 月第 1 版　　印次：2024 年 2 月第 7 次印刷
书号：ISBN 978-7-5217-1300-8
定价：59.00 元

目录 CONTENTS

序

你的朋友，你的罗盘

不要走在我后面，因为我可能不会引路。不要走在我前面，因为我可能不会跟随。请走在我的身边，做我的朋友。

——阿尔贝·加缪[1]

2019年春节前，约着罗胖（罗振宇）和脱不花吃饭，想着要庆祝一下“得到”App“香帅的北大金融学课”结束。到了餐厅，凳子没坐热，菜没上桌，罗胖就直截了当地说：“想不想做个大项目，追踪中国人的财富轨迹，替普通的中国人寻找每年的财富逻辑？”

他说完之后我就马上明白他的意思了。偌大的中国，充斥着关于“财富”的各种花边故事、各种晦涩难读的财富报告，但是从来没有人真正从普通百姓的视角，在不同的时间节点，回答关于个体家庭财富增长的基本问题。

财富只是结果，它的背后其实是一连串关于“人”和“资金”的正确决策——

·读不读大学？选择什么专业？

·进哪个行业，选什么职业？

1　阿尔贝·加缪（Albert Camus），法国作家、哲学家。

·留在哪座城市？

·做不做资产配置？

·如何做资产配置？

……

类似这样的问题放在2020年、2021年或者2022年，可能会具象为“这一年，财富会往哪里流”和“这一年，在人生的十字路口，我们该往哪个方向去”之类的问题。

罗胖用他极具感染力的语言向我描述了“亲历并创造普通人的财富决策编年史”的厚重感与使命感。我想起了2010年博士毕业后找工作面试时，时任北大光华管理学院院长的张维迎老师给我的四字箴言——“亲历历史”，这四个字也是我回国任教的最大动力。

事实上，历史比我预料的更戏剧，更充满变化。我们这代学人所经历的，不仅仅是制度的变迁、经济的飞跃、人口的代际变化，还有全球化的技术变革带来的社会结构、商业模式的剧变。

中国是历史发展长河中毋庸置疑的主角。每年都从个体财富角度将这段历程解剖呈现，10年、20年或者30年后，这也许就是中国人的财富编年史。对我而言，这样亲历且创造“历史”的机会，几乎是无法抗拒的。

菜只上了一半，这件事情已经被敲定。

春节后，项目开工。

我们展开了庞大的数据搜集、实地调研、企业走访工作，然后再回到数据，进行数据挖掘。

从2019年6月起，我们就和“得到”跨年演讲团队开始频繁交流，确定写作方向，竭力避免公文式、报告式的研究方法和八股式的表达方式。7月，我们提出了100个“与财富相关的问题”。9月，我们开始进入最后的汇总阶段——将数据、案例和田野调研中发现的结论和现象，做了一次汇总和整理。10月，我们从上百万字的材料中，梳理出一个简单的框架，试图从“关己”的角度来诠释我们对2020年中国财富格局的理解：

职业方向、城市选择、资产配置，哪些决策会深刻地影响我们的财富水平？20岁、40岁、60岁的人，在北上深打拼的青年，三、四线城市的退休大妈，“985”高校毕业的IT（信息技术）码农，医师，没有大学文凭的美容顾问……他们能找到那根财富杠杆，撬动人生吗？

这不是一份“报告”，这是一份普通人的财富解决方案：这本书会从一个普通人的视角出发，解析宏观的财富趋势，寻找更好的行业和城市做财富容器，选择更优的资产配置做财富载体，回答那些曾高居“庙堂之上”、曾散落“江湖之远”的问题。

2020年，经济增速会下滑吗？中美贸易摩擦会造成大面积失业吗？哪几个行业会异军突起？哪些行业会逐渐消亡？哪些城市在不可避免地走向衰落？哪些城市有更好的明天？哪些资产更有保值和增值的潜力？哪些人群的资产配置在发生变化？

我和你，作为十四亿分之一的财富主体，在宏大的中国财富版图上，到底处于什么位置？我和你，作为子女，也作为父母，在这个具象的代际财富卷轴上，能否做出更聪明的决策？更俗气地说，下一个5年、10年、20年，我们要到哪里去寻找这个国家的财富，这个国家普通百姓的“钱”？

这是一个普通中国人最关注、内心最焦虑，也最需要直白答案的问题。

我们试图用具体案例和数据，用平实温暖的表达，每一年给出一个财富逻辑的“罗盘”。让每个普通人都可以根据自己的学历、才华、城市位置、家庭出身，选择适合自己财富创造能力增长的位置（比如职业和城市），找到资产（比如房产和金融资产）的坐标。

是的，提供一份中国百姓的财富解决方案，记录和解析中国人财富的下一段历史，做普通中国人代际财富增长过程中的伴侣。这，是我们的初心。

就像法国作家加缪所说，“不要走在我后面，因为我可能不会引路。不要走在我前面，因为我可能不会跟随。请走在我的身边，做我的朋友”。

我怀着最热切的希望，也怀着最大的谦卑，将这本书献给你，以及所有普通的中国人。

香　帅

2019年11月18日于北京清河

第一章

高垂之果

未来已不再是曾经的未来，而现在也不再是曾经的现在。

——马丁·沃尔夫[1]

引子

2011年，美国乔治梅森大学教授泰勒·考恩（Tyler Cowen）出版了一本叫《大停滞？》（*The Great Stagnation*）的书。这本书一经出版就引起巨大轰动，因为它赤裸裸地撕开了美国社会这些年最大的伤口。书里的表述一针见血：

“美国陷入彷徨之中，经济状况令民众失望……中位数薪资就比1970年代增长了那么一丁点儿……”[2]

美国人曾最引以为豪的“中产社会”正在遭遇巨大的困境：1980年，全美最富的1%和10%的人群分别拥有整个社会20%和60%的财富；到了2014年，这两个数字变成了40%和73%。而50%的中下层及底层美国人，拥有的财富都不到全部社会财富的1%，在2008年金融危机期间甚至一度为负数。从铁锈

1 马丁·沃尔夫（Martin Wolf），英国经济评论家、记者。

2 ［美］泰勒·考恩，《大停滞？》，王颖译，上海人民出版社2015年版。

区到黄金区，日渐悬殊的财富差距正在侵蚀和分化美国曾经十分稳定的橄榄型社会。

考恩在这本书里对这些困境给出了自己的答案：因为那些容易摘取的“低垂之果”，比如廉价的资源、巨大的移民劳动力以及科技进步带来的快速经济增长，都在逐渐消失。经历了梦幻般的黄金增长的年代后，眼下的美国开始进入缺乏革命性创新的“技术高原”——工业革命以来西方世界熟悉的一切财富增长的逻辑，在这片高原之上，露出童山濯濯的面目。所以马丁·沃尔夫说：“未来已不再是曾经的未来，而现在也不再是曾经的现在。”

这不仅仅是美国的箴言。站在2019年到2020年的关口上，这个不再是“曾经”的未来和现在，也正是所有中国百姓将要面临的。

老梁的困惑和华小钟的苦恼

老梁是浙江一个做汽车内饰品配件的中型企业的老板，丰田等几个大的汽车企业都是他的长期客户。企业利润一直不错，老梁一度雄心勃勃地想冲击上市。但从2018年开始，汽车销售颓势出现，企业利润急速下滑，上市计划搁浅。本来指望2019年能翻身，但是2019年汽车行业持续萎靡，新车销售再创新低。一边是企业利润下降，一边是银行开始抽贷，老梁过得焦头烂额。

家里也不省心。太太在澳大利亚陪两个女儿读书，她每天看新闻都提心吊胆，觉得国内经济形势不好，催着老梁把上海、苏州的房子全卖了，换成澳元和美元，去阳光海岸置业。但刚大学毕业的女儿却吵着要回国创业，开时尚买手店，希望爸爸支持她购置商铺。

2019年快结束了，老梁陷入了困惑：自己到底该进还是该退？该留人民币还是美元？如果买资产，该买什么资产？自己才四十六七岁，如果不做现在的行业了，到底该做什么？未来行业的风口到底在哪里？

与此同时，37岁的育儿嫂华小钟正从北京风尘仆仆地赶回老家，山西吕梁柳林县。

和前些年不同，华小钟不再为参加同学聚会而局促不安。这几年她的收入持续飞涨，2019年每月的薪水已经超过1万元，一两年的储蓄就足够在县城付首付买房。原来曾被她羡慕过的“捧铁饭碗”和“坐办公室”的同学，却好像陷入了某种凝滞的泥坑。煤炭局、粮食局、邮政部门这些曾经炙手可热的单位都变得门可罗雀，女性甚至不到40岁就内退了。邮政部门负责人事的同学总是唉声叹气，说快递行业起来后，邮政的日子越来越难过，8年没涨过工资了，一个月到手的薪水不到3000元。县城的银行、保险公司、各种机关单位也都一派颓势。收入上越来越大的差距让华小钟觉得颇有些扬眉吐气。

但是华小钟也有自己的苦恼。一是买房的事情。老家的房子便宜，不到3000元/平方米，老公撺掇她在老家再买个大房子，说“那点钱拿在手里都毛了”。看着几年没咋涨的县城房价，华小钟隐约觉得这不是个好主意，但又不确定究竟用这几十万元的血汗钱干什么。二是16岁的女儿，这是华小钟更大的心病。女儿心灵手巧，但读书资质平平，估计即使拼命也就能上个三本（大学）。女儿私下里跟她商量，想学门手艺，早点出来工作。平心而论，华小钟希望女儿弥补自己的遗憾，成为“大学生”，但现实情况又让她有点犹豫。现在不比当年，县城里好些人家的孩子读了三本出来，高不成低不就，最后都窝在家里打游戏。而自己这些年待在北京，耳濡目染地学到些新鲜名词，也跟在雇主家里穿梭来往的健身教练、美容师、化妆师聊过——他们大多都是小地方来的“90后”“95后”年轻人，很多人收入远远超过自己，都活得阳光自信。华小钟问自己，女儿是不是也可以走这样的路呢？

乍一看，老梁的困惑和华小钟的苦恼是两个全无交集的故事：一南一北，大城小镇，迥异的阶层、学历、财富累积方式和人生模式。但仔细琢磨，所有“迥异”之下都是同样的问题：一个中国百姓或者一个中国家庭，面对未来，到底该怎么选择？

2019年，在中国960万平方公里的土地上，这个问题在不同的城市、不同的人群中，以不同的模样存在着。问题背后反映的其实是中国社会自1978年以来最大的一次社会结构变迁：人口集聚方式、经济增长模式、行业发展规律和消费行为逻辑都在重构过程中。自然，财富的底层逻辑也会发生巨大改变。

从低垂之果到高垂之果

很少有人意识到，从2013年到2019年是中国经济发展历程中的一个“中间层”。

2013年之前，中国的高速增长来自两种力量：“城镇化”和“全球化下的工业化”。数亿农民进城，城市快速扩容，撬动了巨大的基础设施工程和房地产市场；以珠三角和长三角为核心的中国制造崛起，成为全球产业链上最关键的一环。

仔细想想，中国家庭财富的快速积累集中出现在2000年之后，主要是房产价值的增加和可支配收入的增长。从2000年到2018年，中国房地产的市值从23万亿元上升到321万亿元，增加了近13倍。中国的人均可支配收入（主要来自工资和经营性收入）从3721元上涨到28228元，累积涨幅也达到近660%。[1]这两种财富来源对应的，正是“城镇化”和“全球化下的工业化”两种力量。其中，全球化是动因，工业化是主导，城镇化则是工业化的载体。

事情在2012年到2013年悄悄起了变化。2012年，工业部门的就业人数占全国就业人数的比例到达巅峰。此后，这个比

1　房地产市值的数据来自恒大研究院《2019中国住房市值报告》。其余数据出自国家统计局。由于可支配收入统计口径有变化，所以2000年我国人均可支配收入是香帅团队对国家统计局公布的城镇居民可支配收入、农村纯收入加权平均以后得出来的。

例拐头下滑。从全球经验来看，这个拐点意味着工业社会的结束，之后人和资本会离开工业，流向服务业，完成一个结构性的转型。2013年，下滑的工业部门的就业人数与其他几项指标完成了交叉确认，这意味着我国的工业化基本完成，持续稳定的经济增长需要从工业化驱动转入服务业驱动的模式。[1]

2013年，中国的房地产价格出现大分流：之前大中小城市普涨的局面结束。在对大城市房价进行各种约束的情形下，大城市领涨、大中城市跟涨、小城市微涨的态势逐渐成形。这一趋势映射了以“铁公基”（铁路、公路、机场、水利等基础设施建设）等固定投资为主的城镇化的基本结束。由于服务业对人口密度和质量都有更高的要求，中国进入以大中城市为载体的城市化2.0阶段。

换言之，从2012年到2013年，中国财富累积的两股驱动力都进入了过渡变化的时代——房产价值普涨的时代结束，分化分层涨跌波动将成为常态。收入的增长则不再仅依靠工业，而是会来自不同的行业和部门。2013年，充满低垂果实的时代已经结束，以后，我们需要努力伸手去够那些高垂之果。

2019—2020年：中国进入万元美金社会

即使按照最悲观的预测，2019年中国的人均GDP（国内生

1 在现有经济学文献中，有4个指标可以用来评价一个国家是否处于经济结构转型的拐点，分别是人均收入、工业部门的增加值占比、工业部门的就业人数占比、工业品消费占比。

产总值）也一定会超过1万美元。[1]在全球的财富演变历史中，“万元美金社会”（指人均GDP达到1万美元以上）是一个充满化学反应的“逢魔时刻”。

这是一个国家或地区财富陨落和跃升的分界点：像日本、韩国和中国香港等国家和地区顺利突破万元美金的阶段持续向上的，都顺利成了高收入国家或地区。反之，像墨西哥、土耳其和阿根廷等国家则在万元美金左右掉头向下，落入了中等收入的陷阱。和这个分界点相连的，是整个社会的“转型”。

在《工业化和经济增长的比较研究》（*Industrialization and Growth:A Comparative Study*）一书中，著名经济学家霍利斯·钱纳里（Hollis Chenery）等人论证了消费结构与经济发展阶段之间的关系：当人均GDP超过1.1万美元时，经济体进入后工业化阶段，转入“中产社会”，对人口集聚、人力资本质量要求更高的服务消费业开始占据绝对主导地位。

所谓中产社会，有很多种诠释。[2]按照瑞士信贷研究所给出的全球标准，个人可支配年收入为1万美元以上的，属于中产阶层，一旦中产阶层占据城镇一半左右的人口，一国就会开始具有中产社会的特征。按照这个定义，2019年，中国的中产家庭

1 根据2018年国家统计局的数据，中国人均GDP为人民币64644元，全年人民币兑美元的平均汇率为6.6174，所以，2018年人均GDP约合9768.79美元。2019年，中国经济只需要增长2.367%，人均GDP即可达到1万美元。

2 比如说，麦肯锡将中产家庭定义为“家庭年收入在6万~22.9万元人民币之间”（相当于在购买力相同的情况下，收入处于意大利和巴西的平均值之间）。世界银行则认为中国家庭年收入达到10万元人民币的可以算作中产家庭。

达到1亿个，按照一家平均4口计算，中产阶层的人数接近4亿，占城镇人口的近50%，并且还在快速增长中。[1]换言之，和万元美金社会一起到来的，是中产型的中国社会，从产业结构到消费偏好和消费结构都会发生巨大改变。和这种社会相适应，中国的人口也加速向大城（都）市聚集。

从2019年到2020年，中国增长的“过渡期”将会结束。在未来10年，我们将跻身人力资本密集的高收入经济体行列——以大中城市为载体的城市化会成为主导，高端制造业的发展和服务业的升级会成为主要表现形式。

与这种趋势相一致的是，与百姓息息相关的职业选择、城市兴衰、房价分化，都呈现出和前工业化时代完全不同的面孔。而这些，正是影响百姓财富积累的基本要素，也是寻找“钱从哪里来”这个最直白、最让人焦虑，也最根本的问题答案的核心底层逻辑。

站在2019年到2020年的拐点上，我们忍不住要追问，在一个增长和消费逻辑完全不同的万元美金社会，在一个服务型城市化主导的时代，在一个技术变革和国际格局迁移的时代，一个普通人的财富之路究竟该怎么走？职业选择会出现哪些分水岭？人力资本的增长和房产的价格会出现哪些变化？资产的价格又会怎样波动？

1 数据来源：中国国家统计局，麦肯锡报告《下一个十年的中国中产阶级》，胡润研究院《2018中国新中产圈层白皮书》，瑞士信贷研究院《2017年全球财富报告》等。

这些关于“财富”、关于“钱从哪里来”的问题，我将在下面的章节里一一给出答案。

在一个普通人的财富积累过程中，职业选择是重头戏。全球普通人70%以上的财富来源是劳动所得。

站在2019年到2020年的拐点，两个关键词让职业选择变得更晦暗也更光明：第一个叫人工智能[1]，第二个叫万元美金社会。一方面，以人工智能为核心的技术变革会使具有可编码、可重复性劳动特征的职业快速贬值。这些职业就像希腊神话中劳而无功地推石头上山的西西弗斯一样，成为“推石头型”职业；另一方面，中国即将跨进万元美金的中产型社会，“怕死、爱美、孤独”的消费趋势创造了更多有长期复利效应的“滚雪球型”职业机会。医生、人工智能工程师、心理咨询、宠物医生、美甲美睫师……这些学历门槛迥异，但是技能提升更依赖于长期累积进化的职业来到这个时点的聚光灯下。

每一颗种子都会找到属于自己的土壤。如何在这个拐点上找到符合自身禀赋优势的“滚雪球”赛道，我会在第二章详细解答。

如何选择城市？这是人们在思考财富问题时经常忽略的问题。

一个人所在的城市，决定了他的生产效率、收入以及福

1 所谓人工智能，其实是数据智能，是人们以海量大数据为养料，用计算机算法对人的行为活动进行学习、模拟和预测，并做出合理决策。

祉。30年前从同样的起点出发，到了2019年，北京人的年收入是广西南宁人的两倍，资产价值是其6倍。不管是逆袭成功的普通人，还是当下最耀眼的明星企业，看似迥异的财富轨迹背后，都书写着清晰的城市选择之路。

在第三章，我从未来中国城市发展的基本规律出发，介绍人们如何“用脚步丈量土地”。过去短短几十年，我国数亿人选择从“村”到“城”，城镇化成为中国百姓脱离贫困最大的杠杆。而当下，数亿人选择从小城向大城汇聚，这成为万元美金社会继续向上突破的杠杆。人们之所以向大城市聚集，背后是清晰可见的经济规律。在大城市里能够找到更高的“价值”——“知识外溢”及“专业化溢价”等财富创造能力清晰可见。

2019—2020年，在我国大城市规模溢价凸显的同时，很多小城镇、乡村同样拥有机会。大城市、小城镇、乡村之间，呈现出合作博弈的局面。当前大城市单位面积发展工业的机会成本大幅增加，很多小城镇成为大城市规模溢价的受益者。很多乡村正在被平台企业接入城市网络，享受大城市市场规模带来的财富机遇。

择一城以定财富，可逐浪大江奔流之向，可心安大江福泽之所。

“劳动是财富之父，土地是财富之母。”和土地相连的房产是人们财富的最主要来源。尤其在中国，房产占家庭财富的比例远超过了一半。过去20年是中国房地产的“黄金年代”，一线城市核心区域的房价上涨10多倍，二、三线城市的房价也涨了不少，投资收益远远超过其他资产。

2020年，中国楼市迎来根本性转折。中国的城市化模式进入拐点，人口的流动方向由从农村到城市变成了从小城市到大城市，中国的人口集中度将会不断上升。人口流动趋势的变化映射到楼市的分化上，就是中国的房价将从普涨时代逐渐进入分化时代。

如何才能选出具有投资价值的房子？关于这个问题，第四章给出了答案。

这个问题本质上考验的是人们对房产价格逻辑的理解。房地产作为一种资产，其价值等于未来所有租金的现金流贴现。未来的租金，则取决于房子对未来人们需求的满足。

2020年，站在万元美金社会的拐角，中国人的时间在变贵，对气候更加挑剔，对优质的教育资源更加向往。这些变化让房子的区位变得更加重要：房子和企业、基础设施的连接度更加重要，适宜的气候更加重要，附加的优质教育资源更加重要。落实到具体的房产投资策略中，需要考虑连接度、气候和附加的优质资源这三者的交集。与此同时，要记住“物以稀为贵”，只有供给弹性小、复制成本高的房子，才是投资价值最高的房子。

职业、城市和房产都是拐点上的“长期趋势”，它们告诉了我们2020年之后“钱往哪里去”。除此之外，一般百姓更关心的是高流动性的金融资产价格在2020年究竟会通往哪条路。

2019年的经济形势和资产价格走势，可以概括为：经济触底不反弹，资产价格逆境反弹。人们的体感是经济上经历了一场寒冬。然而，包括股票、债券、房产、汇率在内的四大类资产价格，却走出了稳中有涨的反弹行情。

为什么资产价格会背离经济发展？2020年，我们该怎么进行资产配置？这是第五章试图回答的问题。

经济与资产价格背离，原因在于经济政策的转向和悲观情绪的消散。从国内看，在经济持续下行的背景下，稳增长被放在更重要的位置。财政和产业政策先后发力，货币政策因为猪肉价格带动的CPI（消费者物价指数）上涨而按兵不动，利率只有小幅下调。从国际看，中美贸易摩擦带来的冲击波慢慢消散，市场意识到中美竞争的基本格局将长期存在，过度悲观的情绪开始消散。

2020年，内外环境将进一步改善。“L形”的国内经济增速将停止下滑，暂时性地探底，来到期待已久的L形的水平地带。对外，资产价格已经反映了中美贸易摩擦的长期化和常态化，而且近期将有所缓和。2020年，全球经济发展将进一步放宽，各国政策将进一步宽松，利率水平将进一步下降，货币供应将进一步增加。中国资本市场的情绪将告别恐慌，回归理性。中国资本市场的总体表现将位于全球前列。

2019年，花蕾在寒风中孕育。2020年，冬雪将融，鲜花将绽。

第二章

林间有两条路

一片树林里分出两条路——而我选择了人迹更少的一条，从此决定了我一生的道路。

——罗伯特·弗罗斯特[1]

2019年，“裁员”是中国职场随时可能掉下来的达摩克利斯之剑[2]。

2019年年初，河南的富士康iPhone（苹果智能手机）生产线被媒体曝出裁员5万多人。2月，长安福特开始在重庆装配厂裁减数千名员工。5月，被视为“硅谷国企”的甲骨文突然裁撤中国区研发中心，1600名平均年龄为37岁的“老”程序员被迫重上求职市场，不无尴尬地和大批精力无穷的20多岁小字辈竞争。同样在5月，国家宣布两年内基本取消高速公路省界收费站，实现不停车快捷收费，大批曾经有事业编制的“旱涝保收”的收费站工作人员忽然“被”下了岗。三四十岁的收费站大哥大姐们不得不重新走入社会。10月，三星宣布关停广东惠

1 罗伯特·弗罗斯特（Robert Frost）是20世纪最受欢迎的美国诗人之一。这句话出自其代表作《未选择的路》。

2 公元前4世纪，意大利叙拉古的统治者狄奥尼修斯二世提出与他的朝臣达摩克利斯交换一天的身份。达摩克利斯非常享受成为统治者的感觉。直到晚餐快结束的时候，他才注意到王位上方仅用一根马鬃悬挂着的利剑。——编者注

州的手机工厂，4000名工人只得另谋生路。

“一半是海水，一半是火焰。”

2019年的就业市场也有火热的一面。2019年3月，苏宁宣布将围绕“智慧零售”战略扩招8万人，其中线下新零售店面业务增加4万人，物流新业务增加3.3万人，IT、研发、金融等岗位新增7000人。5月，美国制裁华为之后，华为员工人数不降反升，从2018年的18.8万人扩张到2019年7月初的19.4万人，而且7月、8月，华为又招聘了1万多名应届生，其中以100万~200万元的年薪招聘的8位博士都来自人工智能相关专业。

经济转型，人工智能，中美贸易摩擦……2019年一连串让人困惑的大词背后是普通中国人职业选择的分水岭。眺望2020年的职业选择之林，林间已分出两条路，通向截然不同的财富终点。

职业与财富

职业选择是一个普通人财富积累的重头戏。

这个观点大概会被市面上很多“财富大师”怒怼。很多人善于谈论“钱生钱”的鸡汤：一个人要致富，不能依靠工资（劳动性收入），而要依靠“睡后收入”，即躺着就有收益的金融资产。

但现实的数据告诉我们，直到2019年，全球普通人财富的主要来源仍然是劳动所得。以美国家庭为例：美国普通家庭收入的74.3%来自劳动性收入；即使最富有的那10%的美国家庭，其工资收入也占总收入的一半左右（47%）。对于更多的普通人来说，工资等劳动性收入更是占到总收入的80%。2018年，中国居民可支配收入中73%来自劳动性收入，包括工资收入（56.1%）和个体店、企业主的经营收入（17.2%）。[1]

鸡汤是鲜美的，现实却有着无从抗拒的苦涩。

早在1890年，著名经济学家阿尔弗雷德·马歇尔（Alfred Marshall）就在《经济学原理》（*Principles of Economics*）中断言："所有资本中最有价值的是对人本身的投资。"在现代社会，人力资本的积累最重要的来源就是职业。职业选择不仅决定一个人职业生涯的长度和高度，更决定了其财富水平甚至家庭财富的代际传承。[2]

但职业选择从来不是一个容易的命题。巴菲特（Buffett）有句著名的论断："人生就像滚雪球，重要的是发现很湿的雪和很长的坡。"对职业选择来说，这是条亘古不破的真理：找到既能稳定快速成长又可以积累长期人力资本的职业，就像找到那条铺满湿雪的长坡，财富人生的雪球会越滚越大，越滚越远。

---

1 美国数据来源：美联储《美国消费者金融调查报告》。中国数据来源：国家统计局。

2 1979年诺贝尔经济学奖得主西奥多·舒尔茨（Theodore Schultz）在《论人力资本投资》（*Human Capital Investment and Urban Competitiveness*）中强调了人力资本对个人财富和国家经济增长的重要性。他估测，在美国1929—1957年的国民经济增长额中，约有33%是由教育形成的人力资本做出的贡献。而且，人力资本投资不仅影响自身财富水平，还会产生"代际传递效应"。1992年诺贝尔经济学奖得主加里·贝克尔（Garys Becker）发现，学历越高、工作能力越强的人，越重视子女的人力资本投资，从而有助于提高子女未来的劳动生产率和收入。学历较低的人则相反，最终形成贫富差距的代际传递。

但在行业和职业震荡裂变的现实世界中，很多人却总是匆匆忙忙，“越勤奋越贫穷”。他们就像希腊神话中的西西弗斯，每次努力将一块巨石推上陡峭的山顶后，石头又会重新滚落，西西弗斯要永远重复这个毫无意义的动作。

选择即命运。

对于绝大多数无法拼爹，也无法祈求运气的普通人来说，职业上“滚雪球”抑或“推石头”的选择，几乎是决定一生命运的事情。

到底哪些是“滚雪球型”的职业，哪些是“推石头型”的职业？更重要的是，站在2020年的门前，我们会面临特殊的选择吗？

金融视角下的“滚雪球型”职业和“推石头型”职业

在具体回答这些问题前，我们不妨先从金融视角理解 “滚雪球型”职业和“推石头型”职业。

每个人都可以被看作一个资产。这个资产的“基本价值”，就是其未来创造的所有价值的总和。如果一个资产未来每年创造的价值的增速很高，折旧率又很低，这个资产的基本价值自然就会高。[1]

1 你的个人价值等于未来所有人力资本（包括你的体力、知识、技能）的价值贴现到今天的总和。首先，你的人力资本增长得越快，则未来价值越高。其次，未来价值和现在价值之间还有一个“贴现”的概念。也就是说，未来资产要打一个折扣才能计算到你的个人价值中。为什么要打折扣呢？因为资产是有折旧和损耗的。折旧很快、耗损很高的资本，会有更高的折旧率，也就有更高的贴现率，从而导致个人价值偏低。

折旧率是个很有趣的名词。从“生理性人力资本”的角度看，我们都面临着岁月的折旧——可乐终将换成枸杞养生茶，从一天睡4个小时依然神采奕奕变成一天睡7个小时还精神不济，记忆力、爆发力都在下滑，到五六十岁时面临着自然退休。随着时间流逝，这种折旧的速度越来越快，幅度越来越大，最后残值越来越小。所以，职场上的年龄歧视本质上是对生理性折旧的自然反应。

但“技能型人力资本”不一样。比如，一个人知识、技能的累积速度超过更新的速度，这类人力资本不但不会随岁月产生折旧耗损——人力资本生理性折旧率很低，反而可能增值。这就是医生、律师、教师这些职业会“越老越吃香”的原因。所以，对抗人力资本生理性折旧的最好方法就是加大技能型人力资本的积累。这种可以减少人力资本折旧的职业，就是我们要寻找的“滚雪球型”职业。而像在收费站收费那种重复性的“可编码型”工作（有明确的任务目标、有海量数据储备、工作内容程序化的工作），几乎没有人力资本增长的空间，人力资本折旧的速度极快，30多岁就可能折得不剩什么残值了。就像GALA乐队在《为你年轻》（Young for You）这首歌里唱的：还没有年轻过，就无可挽回地老了。

所以，“滚雪球型”职业，一定是使人力资本增速加快、折旧减慢的职业。

更重要的是，“滚雪球”并不仅仅是针对高学历而言的。

我们团队对中国招聘网站的数据进行了一次整理，发现同为低学历门槛的职业，在过去两年间，健身教练的招聘薪资上涨了7.1%，工厂流水线普通工人的招聘薪资下降了12.5%。健身教练需要有运动生理学、营养学等多方面的理论基础，需要针对学员需求设计健身计划和课程。而且随着年龄的增长，专业技能和训练经验可以进行“滚雪球式”的积累。所以，健身教练不仅是一碗“体力饭”，也是一碗“技能饭”，属于“滚雪球型”职业的范畴。而工厂流水线普通工人日复一日地做着相同的动作，几乎没有人力资本积累的空间，属于“推石头型”职业。2019年，健身教练的平均招聘薪资为8636元，是工厂流水线普通工人的1.7倍。这种差距还在继续扩大：假设今天一个年轻人当上了健身教练，另一个人进入工厂流水线工作，10年之后，健身教练的收入将是流水线工人的4.4倍。

这些数据的显著对比并不是偶然事件，而是2019年到2020年职业选择上的拐点。在这个拐点上，有两个关键词让职业选择变得更晦暗也更光明：第一个叫“人工智能”，第二个叫“万元美金社会”。一方面，以人工智能为核心的这类技术变革会使具有可编码、重复性劳动特征的职业快速贬值为“推石头型”职业；另一方面，中国即将跨进人均GDP达1万美元的中产型社会，消费趋势的变化创造了更多的“滚雪球型”职业。

2020年：人工智能改造职业的“创世纪之年”

2019年，山东滨州一位工厂工人的命运和花旗集团、德意志银行等投行精英们的命运产生了一种奇怪的交集：他们的工作都被“机器”取代了。

制造业大量引入机器人代替人力早已不是新闻，但是令曾在金字塔顶端的华尔街骄子们没有想到的是，自己也会面临这样的一天——2019年，花旗集团和德意志银行分别裁员1万人、1.8万人。全球著名咨询管理公司麦肯锡的报告预测，2017—2020年，机器可以取代30%的华尔街投行员工。

2020年将是人工智能这个新的“技术幽灵”扫荡人类职业版图的开始。

2016年，借助阿尔法狗（AlphaGo）与世界围棋冠军李世石的人机大战，人工智能进入了普通大众的视线。2017年，中国工业机器人销量从2012年的2.3万台猛涨到13.8万台。这个增长还在继续。同时，中国工业的工人流失开始加速，2017年、2018年我国工业就业人数相较上一年，分别下降了526万、434万。

但在2010年之前，人工智能还更多地停留在科学概念和实验的阶段，没有对现实世界的职业版图造成冲击。过去10年，人工智能的三驾马车——算法、算力（计算能力）和算料（数据）都取得了重要突破：深度学习算法在语音和视觉识别上实现了突破；芯片等计算机硬件技术进步大幅提高了计算能力；在算料方面，移动互联网时代全面到来，中国8亿手机网民既带来了数据量的爆炸式增长，又为人工智能的深度学习提供了充足的原材料。经过积蓄力量的10年，2020年之后，人工智能技术革命将迎来大爆发。

“算力–算法–算料”形成的正螺旋使人工智能演进到了改造现有世界运行模式的节点上。2018年，滴滴出行发布了人工智能产品“交通大脑”。我们每一个使用滴滴出行App的人，都为“交通大脑”提供了实时数据。“交通大脑”可通过分析大数据，规划交通系统最优运行方案。目前，滴滴出行的“交通大脑”已在全国20多座城市扎根生长。以济南为例，智慧信号灯的落地提高了城市通行效率，在已优化的344个路口中，每天为济南市民节省了超过3万小时的通行时间。2017年，京东建成了首个全流程无人仓库，商品上架、分拣、打包、装卸等环节都可以由机器人完成。亚洲一号“智能大脑”更是可以在0.2秒内为分拣机器人计算出680亿条可行路径，帮助其做出最优选择。利用人工智能分拣系统，京东昆山仓库的一名操作人员一天内可以处理12万个订单，准确率也高达99.99%。在配送环节，京东的自动驾驶配送机器人也现身北京海淀区街头，它能够自动规避车辆、行人和道路障碍，准确识别红绿灯信号，自主停靠配送点。将来给你送快递的可能不再是快递小哥，而是配送机器人。

我们曾经熟悉的很多职业，都面临着来自人工智能的挑战。

人工智能带来的降维式打击

1996年，相机胶卷巨头——柯达公司拥有超过14万名员工，在胶卷时代占据了美国85%的市场份额。10多年之后，柯达市值从1997年2月的310亿美元缩水至2011年9月的21亿美元，市值蒸发90%以上，柯达不得不申请了破产保护。为什么短短十几年，柯达就从巅峰下滑到了谷底？因为数码相机和智能手机仅用10年时间就取代了传统胶卷相机，柯达公司因此遭受灭顶之灾。类似的事情还发生在19世纪到20世纪30年代的美国。当时美国制冰业兴旺发达，每年冬季工人从五大湖采集冰块，把其储藏进湖边冰屋，再运往千千万万食品加工企业。1923年，两位瑞典工程师发明了电冰箱。美国制冰业因此遭受了一场灭绝式的打击。这种打击将相关职业、行业的底层逻辑彻底颠覆，所以这些行业几乎无药可救。

2020年，对于那些“可编码型”职业来说，人工智能带来的就是这样的降维式打击。你的职场对手不再是同事，而是不知疲倦、从不出错、进步飞速的人工智能。李开复曾提出一个判断职业未来是否会被人工智能替代的“五秒钟准则”，即“一项工作中需要思考和决策的问题可以让人在5秒内做出相应决定，那么这项工作就很有可能被人工智能技术部分或全部取代”。

股票交易员——华尔街的传统职业，就是根据指令完成股票交易操作。一桩交易能否成交，他们只需要关注一下具体数字和市场行情，用两三秒时间就能做出判断。在自动化浪潮下，股票交易员的工作就大规模地被计算机交易系统取代。2000年，高盛纽约总部的股票交易柜台有600名交易员，为投资银行的大客户提供买卖股票的服务。如今，这里只剩下2名股票交易员，其他人的工作都被自动交易程序接管了。

但“五秒钟准则”也并不完全准确。因为即使是传统意义上的高智力工种，只要工作内容容易被计算机算法编码，也完全可能遭到来自人工智能的降维式打击。

围棋是传统的高智力游戏，棋手使用方形格状棋盘及黑白二色圆形棋子进行对弈，棋盘上有纵横各19条直线，形成了361个交叉点，棋子走在交叉点上，双方交替行棋，以围地多者为胜。围棋中的每一步都可以抽象为这样一个问题：给定一个19×19的棋盘，在所有尚未落子的地方，选择哪里最佳，赢的概率最大。所以，围棋对弈本质上属于“可编码”的范畴。排名世界第一的围棋手柯洁天赋过人，6岁习棋，下了约2万盘围棋，赢得了好几座世界冠军奖杯。然而，2016年，人工智能机器人阿尔法狗横空出世，它学习了上百万种人类棋谱，并自我对弈近3000万盘。2017年，阿尔法狗以3∶0的比分碾轧了柯洁。

在2019—2020年的时间节点上，人工智能对“可编码型”职业的冲击逐渐成为现实。在技术变革的冲击下，很多曾位于金字塔顶端的职业也变成西西弗斯的那块令人绝望的石头。

牛津大学两位经济学家[1]计算了702个细分职业的人工智能可替代概率，在表2-1中，我们分别列出了受人工智能影响的具有代表性的10种“低危职业”和10种“高危职业”。

表2-1　受人工智能影响的十大“低危职业”和十大“高危职业”

低危职业	可替代概率	高危职业	可替代概率
职业理疗师	0.0035	电话销售员	0.99
内外科医生	0.0042	保险理赔师	0.98
小学教师	0.0044	出纳员	0.98
计算机系统分析师	0.0065	信贷分析师	0.98
生产制造一线主管	0.016	簿记、会计和审计职员	0.98
律师	0.035	收银员	0.97
软件应用开发工程师	0.042	厨师	0.96
执业护士	0.058	秘书 / 行政文员	0.96
保姆 / 儿童保育员	0.084	服务员	0.94
理发师 / 发型师 / 美容师	0.11	工业卡车和拖拉机操作员	0.93

工业卡车和拖拉机操作员、电话销售员、服务员、收银员等蓝领工作都是“可编码”的重复性劳动，被人工智能替代的概率都高达90%以上。2020年，这些工作被替代将不再是“趋势”，而会成为“现实”。以电话销售为例，一个最勤劳的员工不间断打电话，每天最多能拨打300通电话，以每月工资3000元算，他

1　Carl Benedikt Frey,Michael A. Osborne,“The Future of Employment:How Susceptible are Jobs to Computerisation?”,*Technological Forecasting and Social Change*,2017.01.

的年薪为3.6万元。而电话营销机器人一天能拨打800~1000通电话，还可以做到24小时不眠不休，但每年仅需要1万元左右的成本。两相比较，成本–收益比能差出近10倍。

工业流水线的“机器换人”浪潮更是不可逆转。2018年6月，富士康创始人郭台铭在股东大会上表示：计划在5~10年内，将工人数量缩减80%。和血肉之躯相比，机器人拥有更快的装配速度、更精确的检测能力，还能24小时连续工作。目前富士康的自动无人车间已经在成都、深圳和郑州的工厂投入运行，单条生产线的员工数量从318名降到38名，减员近90%，但是生产效率却提升了30%。

华丽的皮袍下爬满了蚤子

并不仅仅是蓝领的流水线工作被人工智能冲击，许多曾经让人觉得光鲜亮丽的白领、金领也面临同样的窘境。最典型的例子莫过于一直被视为“高富帅”聚集地的金融行业。

过去10多年，“银行职员”曾代表着金饭碗、高薪和舒适的工作环境。直到2018年，我国“工农中建”四大国有银行员工的平均年薪为26万~30万元，是全国城镇就业人员平均工资的3倍以上。但在眼下这个拐点上，银行业的多种岗位都面临消失的命运。

移动银行、无人银行的兴起让办理存款、转账等业务的柜员岗位进入下行通道。2018年4月，建设银行在上海的“无人银行”落地。机器人、智慧柜员机、VTM机（远程视频柜员机）、外汇兑换机、各类多媒体展示屏替代了银行柜员、大堂经理等。各种自助机具可以承担90%以上传统网点的现金及非现金等各项业务。2019年上半年，我国上市银行中，有薪酬及员工人数可比数据的共23家，其中15家都在缩减员工数量，总共减员4万多人，其中工商银行、农业银行减员1万人左右。

人工智能技术也正在快速渗入保险分销、承保、定价和理赔等各环节。中国平安每年把年收入的1%（近70亿元）投入人工智能的研究之中。2017年，中国平安构建了覆盖所有乘用车型的亿级理赔图片数据库，将多年理赔数据转化为算法模型，推出了“智能闪赔”。汽车出险后，车主拍照片、视频并将其上传至平台，人工智能技术可以识别车型、鉴定损伤程度、判断修理费用、自动生成理赔总价，将理赔时间由几天缩短到几分钟，减少审核人30%~50%。根据麦肯锡的展望报告[1]，2018—2030年，全球保险理赔岗位将减少70%~90%。

金融行业鄙视链顶端的投行精英们在人工智能时代也难以独善其身。基层的投行分析员承担了大量烦琐的程序化工作，比如处理数据、搜集资料、生成合同、核查文件等。而摩根大通利用人工智能开发了一款金融合同解析软件，只需几秒就能完成原本需要36万小时才能完成的工作。据英国《金融时报》报道，在未来5年，花旗集团投行业务部门最多将有1万名技术

1　麦肯锡咨询公司，《保险2030，人工智能对未来保险的影响》，2018年4月。

和运营员工被裁，占现有员工总数的一半，这些岗位未来将被机器学习取代。

张爱玲说，生命是一袭华美的袍，爬满了蚤子。这句话用来形容技术拐点上的很多行业真是再确切不过了——当一袭一袭华美的袍子被时代掀开一角时，人们发现里面爬满了蚤子。

确实，人工智能对人类社会来说是场全新的挑战：之前我们的技术进步主要体现为机器对人类体力劳动的不断替代，比如印刷机替代了抄写员，纺织机替代了手工纺纱女，汽车代替了马车夫。而人工智能引领的技术革命却开始入侵新的职业领域——人类的脑力劳动。

机器学习算法能够在很大程度上替代人类“可编码型”的脑力劳动。行政文员、秘书、会计、信贷分析师、保险理赔师这些传统的白领职业——主要工作是整理文件、分析数据等“可编码型”的任务，被人工智能取代的概率高达90%以上。资料阅读能力、数据分析能力原本是高门槛的人类技能，但在人工智能的洪流之下，这些职业的技能护城河转瞬被淹没。

2017年，腾讯的新闻写作机器人Dreamwriter现场演示：0.5秒写出一篇1000字的完整新闻报道，还自动配图，自动剪辑。我们每天看到的很多新闻稿其实都有固定的“套路”。例如：在财经领域，上市公司发布的财报、统计局公布的宏观数据，在时间点、内容格式上都有规律可循；在体育领域，体育赛事的时间、地点、规则都是固定的，一场足球赛的新闻不外乎进球，犯规，发红、黄牌，球员受伤等几类事件。在研究了海量的相关领域内的新闻稿后，Dreamwriter很容易总结出一套写新闻的“模板”。在新闻事件发生时，它能迅速抓取新闻点并将其整合到模板中，即刻生成稿件。面对每天几百场的新闻发布会、几千家上市公司信息的发布、上万场各类体育赛事的报道……人类编辑越来越力不从心，而Dreamwriter却如鱼得水。依靠海量数据和飞速的学习能力，Dreamwriter在搜集数据、写作速度和准确性方面都可以完胜人类。《纽约》杂志作者凯文·罗斯（Kevin Roose）不无沮丧地说，“自动写作将是未来新闻行业最佳发展趋势”。

19世纪，法国作家福楼拜（Flaubert）还曾傲娇地写道：“写作的生活就像狗过的生活，但却是生命中唯一值得过的生活。”福楼拜没有想到的是，不到两个世纪的时间，技术变革的力量竟然如此迅猛，已经侵蚀到了人类的精神创作领域。

行业内职位的分化

在谈及人工智能对职业的冲击时，人们有个常见的误区：当一个行业的很多岗位会被人工智能取代的时候，通常的认知是这个行业正在走向穷途末路。

但现实世界永远不是非黑即白的，而是更多地显示出“二分”的复杂性。比如从行业整体来看，“商业和金融”类职业被人工智能替代的概率的平均值高达0.55，远超过“医疗保健执业医师和技师”类职业的0.18，但在金融业内部，各职位被人工智能替代的概率差异很大（如图2-1所示）。有25%的职位被人工智能替代的概率低于0.23，同时又有25%的职位被人工智能替代的概率超过0.94。

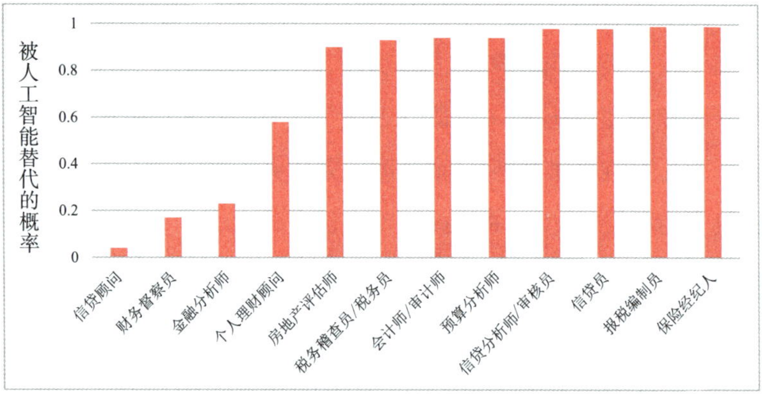

图2-1　金融行业各职位被人工智能替代的概率

人工智能对金融业的影响呈现出冰火两重天的势态：与材料、数据打交道的信贷分析师、信贷审核员被人工智能替代的概率高达90%以上，但服务客户的信贷顾问被替代的概率仅为4%。信贷审核员原本是银行内部最风光的基层岗位，掌握着贷款的“生杀大权”。但本质上，信贷审核员也是“可编码型”职业，每天看材料、查报表、打电话，基于大量信息评估贷款风险。人工智能凭借强大的计算能力，从海量数据中挖掘风控模型，容易对信贷审核员形成降维打击。阿里巴巴旗下的网商银行，基于大数据、人工智能等技术，实现了“310”放贷流程：小微企业可以在3分钟内完成贷款申请的网上填写和提交程序，贷款1秒钟之内到账，放贷过程中没有人工干预。2018年，网商银行累计服务了1227万家小微企业，但其只有720名员工，而且没有一个信贷审核员。在信贷审核员面临职场危机的同时，需要和人打交道的信贷顾问却是如鱼得水。信贷顾问直接服务于贷款客户，根据贷款客户的需求和条件，设计贷款方案、建立客户关系，这类职业被人工智能浪潮淘汰的概率很小。

更重要的是，人工智能、大数据、互联网等新技术的发展催生了金融行业对于“金融+信息技术”复合型人才的大量需求。全球金融机构都对金融科技人才求贤若渴，中国交通银行就计划将本行金融科技人才占比从目前的5%左右提升到10%以上。

这样的信息很容易被忽略。但如果深度剖析，我们会在这些表述中看到关于“未来专业选择”的很多原则。

比如，金融专业不再是鲤鱼跳龙门的好专业。之前，大量金融专业的毕业生进入银行基层部门的柜员、大堂经理、信贷分析师等“编码型”岗位。2020年以后，这些岗位的人员需求会快速下滑，而银行中高层的岗位早被美国常青藤学校以及清华、北大、复旦等头部高校的学生占据——一个二、三线普通家庭的孩子，从一个普通大学的金融专业毕业，可能会面临着“推石头”的未来。

再比如，由于科技和金融业的相互渗透，金融专业和计算机专业的双修会让学生在职场上抢跑一步。行业和职业内涵的打碎重塑，其实是对“专业”的一次重新定义。现在各大学校纷纷推出的“金融科技专业”，本质上都是从传统的金融视角出发，加点“科技”的碎料，不会给人带来更高的职业溢价。但是编程、信息处理等真正的硬核技能，是数据驱动的科技金融的核心。现在美国好几个超大的量化基金，连一个金融专业背景的员工都没有——其员工大多是统计学、数学和计算机专业的博士。在他们眼里，所有的公司都只是一串串波动的数字符号而已，他们在数据的波动中寻找细微的规律，进行套利。

在表2-2中，我们按美国劳工部的职业分类，将700多个职业分为22个大类，并计算了各大类职业中，人工智能可替代概率的平均数、最大值、最小值、标准差、25%分位数和75%分位数[1]等统计数据。与人打交道的社区和社会服务、管理、医疗保健执业医师和技师等职业大类，被人工智能取代的概率最小。而生产制造、办公和行政支持中有很多职业可以被“编码”，被人工智能取代的概率最大。生产制造大类职业的人工智能可替代概率平均值高达0.82。但是，没有夕阳行业，只有夕阳岗位，每一个行业都在发生分化。在生产制造行业，也有人工智能可替代概率小于0.1的岗位，例如生产制造一线主管。在医疗保健执业医师和技师中，也存在人工智能可替代概率高于0.9的“推石头型”岗位，例如配药技术员。

1 在统计学中，25%分位数和75%分位数指的是把所有数值由小到大排列并分成四等份，处于25%和75%位置上的数值。

表2-2　各职业大类的人工智能可替代概率

职业大类	平均值	最大值	最小值	25% 分位数	75% 分位数	标准差
社区和社会服务	0.04	0.25	0.0031	0.0081	0.033	0.07
管理	0.16	0.96	0.003	0.01	0.091	0.28
医疗保健执业医师和技师	0.18	0.92	0.0028	0.00805	0.24	0.26
计算机和数学分析	0.22	0.99	0.0065	0.03	0.22	0.28
教育、培训和图书馆	0.23	0.99	0.0042	0.0077	0.39	0.30
艺术、设计、娱乐、体育和传媒	0.24	0.98	0.004	0.0225	0.375	0.30
生命、物理和社会科学	0.25	0.97	0.0043	0.016	0.43	0.29
建筑和工程	0.28	0.96	0.01	0.021	0.49	0.32
安全保卫	0.37	0.95	0.0036	0.08	0.6	0.31
个人护理和服务	0.48	0.97	0.0061	0.1	0.82	0.36
法律	0.50	0.99	0.035	0.23	0.79	0.35
医疗保健辅助人员	0.50	0.89	0.018	0.3	0.72	0.28
商业和金融	0.55	0.99	0.012	0.23	0.94	0.38
销售	0.65	0.99	0.0041	0.265	0.97	0.38
安装、维护和维修	0.67	0.99	0.003	0.59	0.89	0.24
交通运输和物流	0.68	0.98	0.029	0.46	0.905	0.29
施工和采掘	0.73	0.96	0.15	0.625	0.87	0.19
建筑、地面清洁和维护	0.78	0.97	0.57	0.66	0.945	0.16
食品加工和餐饮服务	0.78	0.97	0.1	0.77	0.94	0.25
农林牧渔	0.79	0.97	0.41	0.76	0.94	0.17
生产制造	0.82	0.99	0.0049	0.78	0.95	0.19
办公和行政支持	0.84	0.99	0.014	0.8	0.97	0.22

汝之蜜糖，彼之砒霜[1]

对于“推石头型”职业来说，人工智能是一场致命风暴，但对于很多“滚雪球型”职业来说，那些“只可意会，不可言传”的技能不但不会被取代，反而会因为技术进步被赋予更大的能量。

按照牛津大学经济学家弗雷（Frey）和奥斯本（Osborne）[2]的说法，难以被人工智能取代的技能主要有3类：“社交智慧”（social intelligence）、“创造力”（creativity）、“感知和操作能力”（perception and manipulation）。

“社交智慧”包括社交洞察力、谈判能力、同情心等社交和情感能力。“创造力”包括原创力和艺术审美能力。“感知和操作能力”主要指手指灵敏度、协调操作能力和应付复杂工作环境的能力。在模拟人的动作，特别是精细的手部动作方面，机器人还是“路漫漫其修远兮”的。人体是一个极其精密的系统，手通过肌肉、骨骼的牵引可以做出成千上万种手势，而机械手能模拟的动作不到人手的1/10。对于这些“难啃的硬骨头”，人工智能就从人类技能的“替代品”变身“互补品”，由“威胁”变身“助力”。

---

1 这是一句西方谚语，英文是“What is food to one, is to others bitter poison”，这里取的其中一种意译。

2 Carl Benedikt Frey,Michael A. Osborne,“The Future of Employment:How Susceptible are Jobs to Computerisation?”,*Technological Forecasting and Social Change*,2017.01.

在前述表2-1中，我们列出了人工智能时代的十大代表性“低危职业”，比如医护人员、小学教师、软件应用开发工程师、美容美发师等。

与汽车打交道的汽车美容修理职业很容易被自动化，但与人打交道的美容美发师被人工智能取代的概率仅为0.11。这是为什么？因为面对千人千面的顾客，美容美发师需要设计造型，需要进行非标准化的精细操作。而且，来美容院、美发店的顾客并不仅仅是为了理发、按摩、解决皮肤问题，更需要放松心情，卸下平时的工作压力，因此美容美发师还需要有社交技能。这些技能难以被人工智能取代。软件应用开发工程师需要根据用户需求设计新软件，开发软件新功能，这需要创造力，也难以被“智能化”。医护人员在工作中面对着巨大的不确定性，需要根据患者的不同情况迅速做出判断，还需要给予患者人文和心理关怀，这样个性化的服务，也很难被人工智能取代。小学教师不仅仅是知识的传授者，更多的是“人类灵魂的工程师”，需要完成“育人”的任务——培养学生的能力、品行和三观，这些也是冷冰冰的机器人难以做到的。

可见，这些职业的共同特征十分明显：职业发展主要依赖于社交智慧、创造力、感知和操作能力，难以被“编码”，而且人力资本增长速度快、折旧慢。人工智能的快速进步难以取代这些“滚雪球型”的职业。

但是，任何一个富于创造性的职业，其实也有大量的重复性劳动：一个医生要写病历、看片子、做常规手术；一个北大生物学博士生一天中有大量时间在刷试管、洗瓶子、准备实验材料。而人工智能可以将人类从烦琐的程式化劳动中解放出来，让人类把精力集中于需要创造力、判断力、社交力的部分，提高这些“不可编码”的技能的溢价。

我们以医生这个职业为例。中国的医生是全世界劳动强度最大的群体之一。北京一个三甲医院医生典型的一天是这样的：上午看完四五十个病人，下午到晚上做四五台手术。他们走路都是小跑，长期处于忍渴、忍饥、忍尿的状态。但其实医生耗费了大量时间在重复性劳动上，比如写病历。一个三甲医院的年轻医生每天需要投入3~4小时填写电子病历。2017年，有研究显示，初级住院医师花费在电子病历上的时间超过总工作时间的一半。[1]

人工智能正在帮助医生摆脱“填写电子病历”这种烦琐的重复性劳动。2013年，硅谷的两个初出茅庐的年轻人伊恩·沙克尔（Ian Shakil）和佩鲁·特兰（Pelu Tran）推出了一款软件产品Augmedix。在临床医生佩戴了装有这款软件的谷歌眼镜后，Augmedix就可以利用自然语言处理技术将医患对话转化为实时准确的医疗报告。医生可以在就诊过程中专注于与患者的交谈，无须耗费额外精力来记录和编辑病历。就诊结束后，医

1 Arndt,B. G.,et al.“Tethered to the EHR:Primary Care Physician Workload Assessment Using EHR Event Log Data and Time-Motion Observations”,*The Annals of Family Medicine*,2017.09.

生只需花几分钟时间审阅该文档，就能完成全部的医疗记录工作。截至2019年，Augmedix已经完成了超过300万次的病历记录工作，每天能帮助医生节省大约3小时的工作时间。我国的人工智能公司也开始了类似探索。2016年，北京协和医院就开始应用云知声的“智慧医疗语音录入系统”。医生说话时，其讲话内容会被转录成文字，录入病历系统，而且语音识别精准率达95%。这个系统可以有效节省医生38%以上的时间。截至2019年，该系统已在全国100余家医院投入使用，另有500余家医院已经完成了测试。

人工智能有两副面孔：对于“推石头型”职业来说，它是摧枯拉朽的秋风；而对于“滚雪球型”职业来说，它却是润物细无声的喜雨。2020年，人工智能引领的技术革命已是“山雨欲来风满楼”，顺之者昌，逆之者亡。根据世界经济论坛发布的《2018未来就业》报告，2018—2023年，全球范围内将有7500万份“推石头型”工作被人工智能取代，同时也将催生1.33亿个与人工智能合作的“滚雪球型”职业岗位。站在2020年职业之林的分岔口，选择“推石头”的山坡，还是“滚雪球”的赛道，将决定你一生的道路。

2020年：万元美金社会的职业新赛道

一个高中文化的农民工子弟，想顺利在北京找份高薪工作，拿到北京户口，这听上去是不是很魔幻？2019年北京积分落户的通过率不到5%，大批清华、北大的硕士、博士都因为几分之差被这座城市挡在门外。

但现实永远比想象精彩。在北京市通州区，有所几乎没人叫得出名字的高职学校——北京卫生职业学院。它是一所专科学校，偏重于培养技术应用型人才。从这里出来的学生，不是所谓的“天之骄子”，也没有那张薄薄的“大学文凭”。但是和一般大学不同的是，每年一到毕业求职季，在绝大多数毕业生绞尽脑汁写简历、找关系，像蚂蚁一样穿梭于各种求职场所时，这所学校的门外却站满了来“要人”的单位。这所学校护士专业的学生尤其抢手，可谓一人难求。要人单位不仅包括国内北上广深等一线城市的各大医院，还有大量海外高端护理机构——丰厚的薪水、齐全的各类保险、大城市户口、出国签证，一个普通大学毕业生能想到的“待遇”都是来这里要人的单位的标配。

为什么？因为中国医护行业的供给和需求实在是太不匹配了！

截至2018年年底，我国注册护士总数为410万，每千人拥有注册护士数仅为2.94名，严重落后于欧盟（8名）、美国（10名）、日本（11.5名）的水平。如果以国家规划的2030年每千常住人口拥有注册护士数4.7名的标准算，未来10年内，中国还需要约300万名护士。

以护士行业的一个细分职业“助产士”为例。目前，我国助产士与生育妇女数量之比为1:4000，即4000个育龄妇女才有一个助产士！发达国家的这一比例是1:1000，即便如此还经常被诟病产房人手不够。根据统计，国内医院仅产房助产士的缺口就有至少20万人。巨大的行业人才缺口也促成了该行业的高薪。工作1年后，北京助产士的薪水中位数在7500元左右，3年后则能达到8600元以上，有10年以上工作经验的资深助产士的月薪可达到15000元以上。[1]一个有多年临床实践的助产士，熟悉产程的每一个环节，能够快速应对各种突发状况。助产士的工作技能不仅不会随年华老去，反而会随着时间增长，同时其薪酬也会水涨船高。这是妥妥的“滚雪球型”职业。

不仅国内缺医护人员，医护人员在国外也是异常紧俏。2019年，美国劳工部发布了未来10年增长最快的职业列表：前10位中有9种职业是医护相关职业；家庭保健、个人护理职业更是高居榜首，未来10年内这些工作的岗位数量预计可增长40%左右。

正是因为这种“技能型”的工种长期处于供不应求的状态，北京市从2013年开始，宣布允许符合条件的“进城务工人员随迁子女申请在京参加高等职业学校招生考试”。[2]这短短一行字意味着很多个在京务工人员家庭的命运转折。“户籍歧视”以及与户籍相伴的教育问题是所有中国人都绕不开的话

1 数据来源：职友集网站（http://www.jobui.com/salary）的数据。

2 北京市教委《2014年进城务工人员随迁子女在京参加高等职业学校招生考试实施办法》。

题。北京作为首都，坐拥无可比拟的教育和医疗资源，自然处在“歧视链”的顶端。但就是这样一个几乎无法逾越的“天堑”，在强大的市场供需力量面前，也出现了一条通路。

只要能洞察到时代的风口，坐上趋势的快车，一个普通资质的农民工子弟也能找到自己人生那条长长的坡道，滚动职业和财富的“雪球”。

2019—2020年，中国进入了一个“怕死、爱美、孤独”的万元美金社会。这3种全民性的感受将逐渐成为社会的常态。这几个关键词所创造的需求和供给，都将是下一代职业选择的风口。

“怕死”的职业风口

工业革命以来，由于食物的丰裕和医疗技术的进步，人类社会第一次出现了“老龄化”的概念。老龄化，既是寿命延长的胜利，也是人类社会发展的心病。

康复治疗师的春天

2019—2020年，中国社会的人口结构是有一些基本规律可循的。

2020年，中国65岁以上老年人占总人口的比重将达到12%，距离深度老龄化社会[1]仅有一步之遥。同期，人均预期寿

1 按照国际通行划分标准，当一个国家或地区65岁及以上人口占比超过7%时，意味着进入老龄化社会。当这一比例达到14%时，则为深度老龄化社会。

命将上升到77岁，像上海这样的大城市，人均预期寿命更是会达到83岁以上。2020年，“90后”开始步入而立之年，这一代是严格遵守独生子女政策下的一代，他们结婚生子后的家庭属于典型的“42N”家庭（4个老人，1对夫妻，N个孩子），即1对年轻夫妻肩负4位老人的养老及一到两个孩子的养育压力，他们将在工作、子女教育、父母养老问题的夹缝中生存。大量数据表明，在生命的最后七八年里，老年人是需要日常照护的。

这些数字和事实都指向一个方向——像幼儿园、托儿所一样的社区养老、上门护理、陪伴看护、病后康复等医疗服务需求将快速增长。有数据估算，我国需要康复服务的人口超过1亿，而目前全国康复医学专业技术人员仅有4万人左右。如果参照国际平均水准，结合我国2万家医疗机构的规模，康复治疗师的市场需求至少为30万人。

巨大的人才缺口就是普通人逆袭的机会。上海、北京的三甲医院是各大顶尖医学院毕业生的梦想之所，竞争绝对惨烈。但是你会发现，这些医院康复科的大量年轻医生来自滨州医学院、蚌埠医学院等普通学校。他们大学没有毕业就以实习生身份“沪漂”“北漂”，因为康复治疗人才的极度紧缺，他们的梦想得以实现。

医生职业的拐点

中国医生的超负荷工作早已不是新闻。北京儿童医院繁忙的时候，平均每位医生一天需接待80~100名儿童，有时候甚至达到150名。这是什么概念呢？假设一个医生像冯唐说的那样“忍尿忍屎忍饿忍饥”[1]，中间无休连续问诊10个小时，也需要每3~4分钟看一位病人。北京儿童医院不是特例，《2017年中国医生生存现状调研报告》显示，超过50%的受访医生表示自己平均每周工作在60小时以上，其中有接近25%的医生平均每周工作80小时以上。然而在这样的工作强度下，他们的收入并不乐观。根据医学新媒体平台“医学界”发布的《2018年度中国医生薪酬现状调研报告》，仅有21%的受访医生对自己的薪酬表示满意。接受调查的年轻医生平均年薪在10万元以下，不足美国医生平均薪酬的1/14。[2] 2019年10月，浙江三甲医院的一位外科医生在得到大学开学典礼上提到，乳腺癌患者切除乳房后，需要做“乳房重建术”，这个手术需要6个医生、2个麻醉师、3个护士齐上阵，历时10个小时。但是，这样一台复杂的手术，主刀医生的奖金仅为300元，全国各地公立医院的情况都类似。更不要说医生还面临着人身危险，前几年患者打伤、杀害医生的案例屡见报端。

---

1 冯唐，《三十六大》，浙江文艺出版社2017年版，第174页。“和过去相比，大夫的挂号费涨了点，还是在一本时尚杂志的价格上下，一上午还是要看几十个病人，还是要忍尿忍屎忍饿忍饥，每个病人还是只能给几分钟的问诊时间。”

2 中国医生薪酬数据来自医学新媒体平台“医学界”《2018年度中国医生薪酬现状调研报告》，美国医生薪酬数据来自美国劳工部。2018年，美国年薪最高的细分职业中，前10名中有9个是医生行业。排在第一的是麻醉师，平均年薪26.7万美元，外科医生以25.5万美元的平均年薪紧随其后，在此之后是平均年薪24.2万美元的口腔颌面外科医生、平均年薪23.8万美元的产科和妇科医生。

面对这样的现实，难怪每逢高考季，江湖上总是流传着“学医毁三代”的传说，也难怪我国医疗资源紧张。医学专业平台“丁香园”曾做过的一项调查显示，58%的受访医生会力阻自己或亲友的子女报考医学院校，仅3%的医生建议自己或亲友的子女学医。截至2018年年底，我国每千人拥有执业医师（包括执业助理医师）的平均数为2.59位，而美国每千人平均拥有3.46位执业医师，德国、意大利、瑞典等欧洲国家每千人平均拥有的执业医师数可达6位，远高于我国。

2019—2020年，将是医生这个职业的新纪元。

很多变化都藏在细节里。

2019年9月，很多人的朋友圈被“病人举报飞刀医生收红包”的事件刷屏。事情不复杂：在山西省一个小县城，有位患者患脑梗，县城医院由于条件有限，请北京天坛医院的专家来做手术，患者支付1万元专家劳务费。手术顺利完成之后，患者和家属举报当地医院和外地专家收受红包。如果按照前两年的“民间情绪”，医生会受到不少非议，但是这次却有相当一部分网友一边倒地声讨患者，“白眼狼”“倒打一耙”“无耻自私”等用词层出不穷。在参与新浪网络投票的7000名网友中，选择“应该为享受更好医疗付钱”这个选项的人最多，占35%。[1]

很多人可能都没有意识到，自己对医生、医疗行业的情绪

1　另外，有28%的网友选择“不应该支付红包，手术费已包括专家费用”，22%的网友选择“病人可支付红包，但应该有收据”，15%的网友选择“具体情况具体分析”。

和看法，都在经历着缓慢却显著的变化。

在物资匮乏的年代，人们往往愿意为有形的产品付费，不愿为无形的知识、技术、服务付费。人们为了买车、买苹果手机可以“割肾”，看病时却总嫌贵——医生开一张单子就要花这么多钱。这不是中国人的观念陈旧，而是由收入水平决定的。2019年，中国即将跨入万元美金社会。收入上升意味着消费从注重数量转向注重质量，从“使用”转向“服务”，从“有形”转向“无形”，人们对生命质量的要求自然也上了新的台阶。医护服务的地位会变得越来越重要。为服务质量和医疗技术支付溢价将是未来的常态。

和其他职业相比，医生的职业坡道特别长，四五十岁的医生正当壮年，六七十岁的医学专家大多也仍然活跃在第一线，更重要的是，医生的“技能累积回报率”极高，是典型的“滚雪球型”职业。我们团队对2019年各职业招聘薪酬进行了研究，发现了一些有趣的现象。

医生的“年资溢价”最高，即经验积累回报率高。我们研究了不同工作经验要求下的招聘薪酬，发现在各类细分职业中，牙医的经验积累回报率排名第一。这就是说，随着工作年限的增长，牙医招聘薪酬涨得最快。一位初出茅庐的牙医，招聘薪酬约为1.1万元/月，而一位有10年以上经验的牙医，则能找到月薪2.65万元的工作，增长了141%（如图2-2所示）。

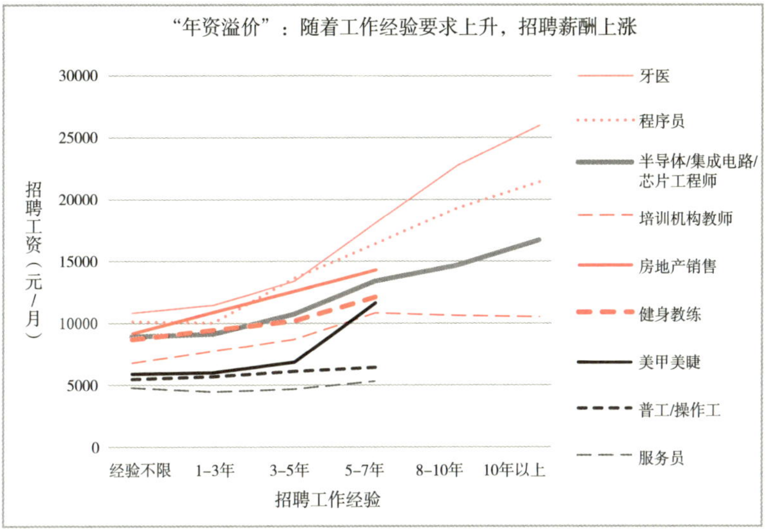

图2–2　各类职业的“年资溢价”

医生职业的“滚雪球”坡道很长。医生职业的人力资本折旧速度较慢，而且随着年龄的增长，医生积累了大量从业经验，有助于提升其对疑难杂症的判断力，越老越值钱。《中国医生的退休现状研究》[1]一文总结道：一般而言，医生要到40岁才能真正成熟，能够自己独立带组，50岁是医生们技术、经验、精力正好的时候，六七十岁的医学专家退休返聘的也不在少数。截至2016年，我国60岁及以上医生占全体医生的11%。随着经验的积累，医生收入也会提升许多，从初级职称到高级

1　卜野、徐伟、李阳，《中国医生的退休现状研究——以一个中等城市医科大学附属的一所大型综合医院为例》，载于《科技经济导刊》2018年第18期。

职称，其薪酬可以翻1倍以上。我们团队通过北大医学部采访了一些毕业后留在各大三甲医院的医生，对体制内医生的职业期和收入情况做了比较详细的了解。[1]

王医生硕士毕业后，入职浙江某地级市中心医院。他深切地感受到，医生是一个厚积薄发的职业。在接受规范化培训的两年内，王医生的年薪偏低，为8万~13万元；到了第3年，王医生入职成为正式员工后，收入就可达16万~17万元。随着经验的积累、职称的提升，医生收入还会持续快速增长。在浙江地级市医院，医生一般在40~50岁可以升为副主任医师，年收入就能翻一番，达到三四十万元；如果能更进一步升为主任医师，则年收入至少有五六十万元。

医生的“学历溢价”也最高。我们研究了不同学历要求下的招聘薪酬，发现在各类细分职业中，牙医的“学历溢价”排名第一，本科及以上学历牙医的招聘工资是大专学历牙医的1.46倍（如图2-3所示）。在医生职业中，高学历标志着基本功扎实、医学知识丰富，可以获得更高的溢价。所以，在医生这个行业，知识等于金钱，“读书无用论”是最大的谎言。对于希望成为医生的年轻人，努力读书才是唯一的“终南捷径”，学历的提升可以直接作用于你的收入水平。

医生的收入增长与所在城市也有密切关系，大城市可以给医生职业加杠杆，让医生的收入增长曲线更加陡峭。大城市疑

1 因为隐私问题隐去个人和医院的真实名字。

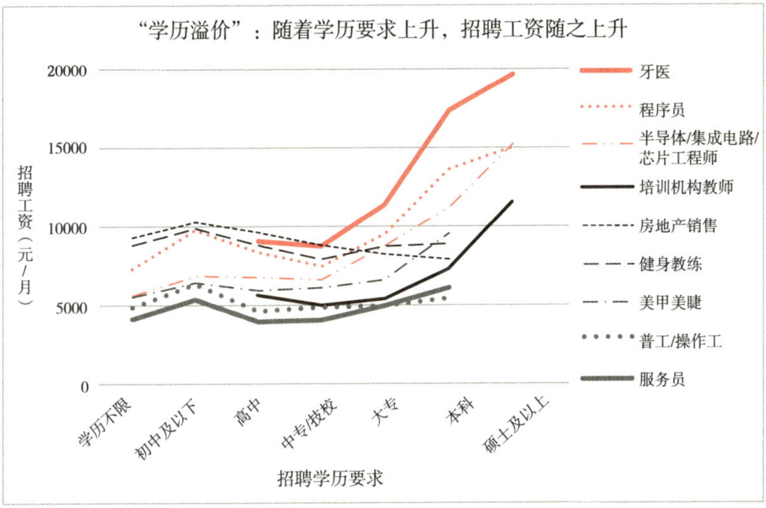

图2-3 各类职业的“学历溢价”

难杂症患者云集，可以让年轻医生的经验积累速度更快。而且大城市也聚集了更多医疗资源。北京、上海的三甲医院数量就分别达到了59家、43家，而整个山西省仅有26家三甲医院。大城市可以撬动“知识外溢效应”——三甲医院聚集，年轻医生有更多机会和经验丰富、医术高明的人在一起，向他们学习。陈医生入职北京一个三甲医院时，年薪只有6万元，生活捉襟见肘，收入也低于在浙江地级市医院就职的王医生。但是，如果陈医生未来升任副主任医师，他的年收入则可达百万元以上，主任医师年收入可达几百万元。也就是说，20年后，陈医生的收入可以达到王医生的3~10倍。

如果说“滚雪球”的关键是选择职业方向的话，站在2020年这个拐点，医护人员无疑是万千职业中最好的职业之一，它提供了足够长的雪道，足够多的雪量，可以让年轻人滚出人生和财富增长的雪球。

“爱美”的新世界

早在两千多年前的春秋时期，墨子就告诉我们：“食必常饱，然后求美；衣必常暖，然后求丽。”[1]

当温饱不再是人类最大的约束时，对“美”的追求会自然地成为一个社会的整体趋势。随着经济水平的发展，人类的消费趋势也多从有形趋向无形，从实用转向“愉悦”。为“赏心悦目”付出更高的价格是一个中产社会的典型消费趋势。2013年，针对2000名英国妇女的一项调查结果显示，英国女性仅在“美发”一项的平均消费支出就高达290英镑/年（大致相当于人民币2610元），约为我国2018年人均美容美发支出的10倍。[2]根据业务咨询公司Frost & Sullivan的调查数据，2018年日本每千人接受医美疗程的次数为27.1次，美国是51.9次，韩国是86.2次，而我国仅为14.8次。在我国，医美市场还是一片蓝海。

就像先哲亚里士多德说过的，“俊美的相貌是比任何介绍信都管用的推荐书”。以貌取人是进化赋予人类的本能。2019

1 出自汉代刘向所著《说苑·反质》中引用的墨子语。

2 根据前瞻产业研究院《2019—2024年中国美容美发行业市场前瞻与投资规划分析报告》，2018年中国美容美发行业营业额约为3408.16亿元，平均每人每年美容美发支出243元。

年，中国将正式跨过“万元美金”这条线，以北上广深为代表的“都市中产”成为消费新主力。从1亿的城镇中产家庭来看，多由女性掌握家庭财政大权。[1]都市中产阶层不再仅仅满足于吃饱穿暖这样的基础物质需求，而是开始追求质量、服务和精神价值，愿意为“美”支付溢价。此外，城市青年们越来越不急于成家。2018年，上海女性的平均初婚年龄为29岁，已经高于很多西方发达国家。作为单身群体，她们没有家庭负担，消费行为完全以自我需求为核心，会为了拥有“有趣的灵魂”和“好看的皮囊”花大钱。都市中产女性和单身贵族们的“悦己型消费”推动了“颜值经济”的蓬勃发展。清华大学联合美团点评发布的《2018中国美业行业白皮书》显示，预计到2020年，中国美业整体市场规模将接近2万亿元，平均年增长率为15%。

2014年，“颜值经济”爆发的前夜，河狸家已布下美业的棋局，建立了覆盖美甲、美睫、美容、美发、化妆、健身等美业业务的互联网平台。在过去3年“颜值经济”的潮流推动下，平台手艺人从1万多增长到4万多，并为1000多万名消费者提供了上门服务。河狸家还与天猫联手推出“美妆实物销售+上门服务”的模式。2019年，这个模式迎来爆点，其2019年“双11”期间的销售额是2018年“双11”的2.5倍。

1　根据《中国家庭精明消费报告》，44%的女性会管理伴侣的全部资金，这在一线城市更为普遍，近70%的一线城市女性会负责全部家庭购物。

从2017年开始，河狸家这个平台上就出现了一批励志故事的女主角。

2019年初秋的上海。红洪拉上自己的三层推拉式美容工具箱，看了熟睡中的宝宝一眼，悄悄地走出家门。这时还不到6点，她尽可能地挑选平整的路面，害怕滑轮声惊醒和自己宝贝一样熟睡的人们。尽管如此，家住闵行区的红洪还是步履匆匆，她要在7点半赶到杨浦区五角场，开始今天的第一单生意。这单之后，紧接着排上了来自虹口区、徐汇区、静安区的其他3单预约服务。

红洪是一个靠手艺挣钱的典型蓝领“沪漂”。她每天拎着箱子，花4小时以上时间通勤，穿梭在城市中做上门美容服务。在传统观念里，红洪做的是伺候人的“不入流”职业。实际上，她知道自己的收入比很多坐在写字楼里的白领高出一大截，甚至可能比她服务的客户还高——她带领几个店员开了小型线上工作室，月收入4万~5万元。这样的收入水平足以支持她把宝宝送进每月学费7000余元的私立幼儿园，也足以支持她在上海周边投资两套房产。

很难想象，红洪3年前在河狸家平台第一个月的收入不到800元。2016年的红洪，从黑龙江偏远农村跟着丈夫在上海“随波逐流”。初中辍学的她，被绝大多数职业挡在了门外。还好在当年学习成绩倒数、逃学混网吧的日子里，她投靠亲戚家的美容院学了点手艺。凭着这点仅有的本事，红洪鬼使神差地加入了互联网平台河狸家。来河狸家的第一个月，她经常在高楼大厦鳞次栉比、弄堂小巷九曲十八弯的陌生城市里迷路。面对客户刁钻的要求，她时常不能全盘应对。不过红洪很快靠自己的手艺走上了财富"滚雪球"的道路。从关注热播剧集、微博热搜趋势到接受平台培训，她不断升级自己的美容手艺。一切有关护肤、美容、产品使用心得的知识点，红洪一一熟记于心。她每天工作14个小时以上，平台24小时开放接单。凭借自己的努力，当年她的月收入就增长了20倍，到了16000多元。

很多人容易将"红洪们"的故事解读成"对抗命运逆袭"的偶然事件，这其实是个误解。红洪的逆袭有"天时、地利、人和"三大必然因素的推助。从天时角度看，3年前红洪来到上海，正赶上了"颜值经济"的风起时，"爱美"开始成为万元美金社会的刚需。消费能力强、追求小资情调的上海白领们也更愿意为美容服务支付高溢价。从地利角度看，移动互联网平台给红洪加了杠杆，让她的潜在客户群扩大到整个上海，使她有机会接触到更多的高消费客户。从个人角度看，红洪从事的美容师职业也是"滚雪球型"职业，我们团队研究了各职业的招聘工资，发现美容美发师工作5年后，招聘工资可以翻1倍以上。红洪10多年的职业技能积累，是她滚动财富雪球的基础。

在河狸家，类似红洪的女生并不在少数。来自山西临汾襄汾县的"北漂"美容师涂小六，已经在美容业打拼了10年，目前每月收入也稳定在2万元左右。2010年高中毕业后，她就来到县城美容店打工，当时的收入只有1000多元，父母也总是责备她“不好好学习只能伺候人”。现在的涂小六却成了父母的骄傲，她的收入超越了大部分高中同学：当年的小姐妹有的选择去珠三角的工厂打工，每月工资五六千元；有的三本毕业后，回县城捧上了公务员的“金饭碗”，每月也只有4000元左右的收入。

在河狸家的4万名手艺人中，90%以上是女性，50%是“90后”，大部分是高中及以下学历。“北漂”手艺人中，有一半来自河北、河南、山东、辽宁等北京周边省份的小城或农村。这些年轻女孩，没家底、没学历、没资源，职场起点可谓低到尘埃。她们几乎人人都有过一天连轴转十几个小时、住地下室、被克扣工资、被顾客刁难等经历，按照她们自己的说法，“吃得起这种苦的女生，谁没有点伤心往事”。但是，如果留在农村，那么她们一年平均可支配的收入只有14617元，而且高中学历家庭的收入仅为本科学历的25%左右。[1]如今，平均工作年资不到2年的河狸家手艺人的平均收入为8000元/月左右，超过了普通本科生毕业3年后7441元/月的平均工资。[2]

为什么在2019—2020年的拐点上，这样一个看起来未来渺茫的弱势群体，会集体性地呈现出朝阳一样的状态？因为她们误打误撞地走上了中国步入万元美金社会后最大的一条赛

1　数据来自国家统计局和西南财经大学《中国家庭收入差距报告》。
2　本科毕业生工资数据来自麦可思研究院《就业蓝皮书：2019年中国大学生就业报告》。

道——由“爱美”衍生出的“颜值经济”。

在迅速扩张的“爱美”市场需求面前，具有专业技能的美业职业，包括美容师、美甲师、化妆师、健身教练，都从“三教九流”迅速成为都市职业的新风向。2010年至2018年，健身行业产值年均复合增长率达到9.8%，截至2018年4月底，持有国家职业资格证书的健身教练达到79073人，但这个规模还远远不能满足需求。目前，我国前10大城市健身会员渗透率，即健身会员与常住人口的比率约为1%，而邻国韩国与日本的这一指标的数值分别为7.3%、3.3%。[1]随着万元美金社会的到来，我国一、二线城市健身会员渗透率可能提高到2%。也就是说，仅一、二线城市的健身会员就有600万人左右，健身会员与持证健身教练之比高达75∶1。如果要让这个比例下降到10∶1，健身教练的缺口就还有50多万人。巨大的人才缺口，也使得健身教练的薪酬水涨船高。根据《2018中国健身行业数据报告》，全国私人教练的收入集中在每月1万~1.5万元，其中一线以及新一线城市私人教练的收入普遍在1万~3万元，远超普通白领的收入。我们团队研究招聘网站的数据后发现，健身教练的工作经验由零增长到5年，招聘工资可以增长40%以上。

移动互联网普及这样的技术变革，更给美甲、健身等手艺人加了杠杆。移动互联网平台建立了一个消除时间与空间限制、可以无限延伸的市场。手艺人与消费者原本是无数个孤立

1 数据来源：《2018美团点评健身行业白皮书》。

的节点，而互联网平台把所有节点都连接起来，形成了一张巨大的网。这种网络效应在个体劳动者身上，就是直接的财富效应。

首先，潜在市场规模扩大了。河狸家美甲师Seven说，与以往做美甲小店相比，自己的收入翻了一番。因为线下美甲小店只能服务方圆两公里的社区，想让客人做一个三四百元的美甲套餐都很费劲。而现在，他可以轻易接触到全城的高端客户。其次，互联网平台的点评功能也降低了信息的不对称，加快了劳动者技能信息的传播速度，使个人技能的重要性更加凸显。以往判断手艺人技能的好坏主要看门店信誉，而互联网平台将手艺人的技能水平公布给所有消费者，使得手艺人的收入能与个人的技能水平直接挂钩了。

在这样的正向反馈下，优秀技能很容易获得金钱上的回馈，形成磨砺和提高技能的正向循环。

更重要的是，大部分美业新职业是“逆袭型”职业。医生、IT工程师这些职业虽然是财富创造的“滚雪球”坡道，但也有高学历门槛的限制。在这个“寒门再难出贵子”的时代，一个来自农村的低学历的年轻人，很难跨过学历门槛。那么，寒门子弟真的找不到创造财富的雪道吗？更具体地说，一个来自偏远农村、初中辍学的年轻女性，能实现年薪50万元这样的目标吗？

要知道，实现年薪50万元绝对不是容易的事情。2018年，我国人均可支配收入的中位数只有2.4万元，这意味着，只要你每年到手的净收入超过2.4万元，你就已经战胜了一半中国人。在深圳，如果你每月的税前工资达到2.58万元，就已经超过了95%以上的深圳工薪阶层。[1]即使是从清华、北大毕业，在一线城市工作、进入了金融或互联网等高薪行业，实现年薪50万元也绝非易事。但是，红洪、涂小六等初高中学历的底层劳动者，抓住“爱美”消费升级的风口，依靠移动互联网的杠杆，实现了令人瞠目结舌的年薪50万元。

“颜值经济”造就的新职业不依赖学历，而依赖于工作中积累的经验与手艺。我们团队研究招聘网站数据发现，在健身教练、美甲美睫师等美业新职业的招聘信息中，要求本科及以上学历的不足1%。而且，招聘工资与受教育程度的相关性不强。对于美甲美睫师来说，大专学历的招聘工资与初中及以下学历仅相差300元。但是工作经验积累5年后，招聘工资可以翻1倍。这一类“逆袭型”职业为寒门子弟提供了创造财富的上升渠道。在万元美金社会，即使你难以叩响“名牌大学”这扇门，也总能找到属于自己的一扇窗。

“孤独”的二次元

马尔克斯（Márquez）在他的经典著作《百年孤独》（*Cien Anos De Soledad*）中叹息道：“越文明，越孤独。”

确实，孤独是现代社会尤其是大都市的标配。经济越发

1　参见《2018年深圳市人力资源市场工资指导价位》。

达，社会分工越细化：吃饭可以叫外卖，洗衣可以送洗衣房，出行可以召唤出租车，还可以买保险来预防意外事件。一个人完全可以依靠陌生人生存下去，不再需要依赖家庭或集体提供的互助功能。大规模的城市化也为独居人群提供了完美的巢穴——餐馆、酒吧、超市、住宅区的各种生活设施，一个人可以生活得很滋润。

美国社会学家克林南伯格（Klinenberg）在专著《单身社会》（*Going Solo*）中讲道，“现在仅在纽约市，就有100万独居人口；在曼哈顿，一半以上居住人口选择独居”。很多研究发现，在经济发展水平较高的国家，独居人口的比例也会更高。从世界范围来看，经济发达的北欧、日本，独居人数最多。47%的瑞典家庭是单身家庭，30%的日本家庭只有一个人。截至2017年，我国15岁以上未婚人口总数为2.15亿，再加上2300万的离婚人口，我国单身人口规模达到了2.4亿，占总人口的17%。[1]“越文明，越孤独”是现代社会难以逆转的大潮流。

在步入万元美金社会的中国，都市漂泊的年轻一代正经历着和孤独共处的时刻。

从小县城孤身一人来北京打拼的“90后”小张，日常工作“996”（从早上9点工作到晚上9点，一周工作6天），回到家筋疲力尽，瘫在床上刷手机，周末只想睡个懒觉、吃顿大餐。小张习惯于跟父母报喜不报忧，与同学、同事关系比较淡薄，更不存

1 数据来源：2018年《中国统计年鉴》。

在街坊邻里关系，周围都是熟悉的陌生人。久而久之，她慢慢习惯了一个人吃饭、一个人看电影、一个人搬家、一个人去医院。她虽然经常在网络上叫嚷着“好孤单啊”，但实际上并不愿意出门社交，认识新朋友，反而热衷于撸猫逗狗、玩《旅行青蛙》，在《恋与制作人》中谈一场完美恋爱。这一批离开原生家庭，飘荡在陌生城市的独居年轻人，被称作“空巢青年”。

空巢青年们独自在大城市闯荡，工作竞争压力大，又缺乏亲情、友情、爱情的支持，容易产生心理亚健康问题，不仅“空巢”，而且“空心”。2018年《中国城镇居民心理健康白皮书》的调查结果显示，我国73.6%的城镇居民处于心理亚健康状态，16.1%的城镇居民存在不同程度的心理问题。

我们国家并不特殊。很多发达国家都走过类似的历程。截至2018年，美国从事心理卫生工作的人员超过30万[1]，平均每千人拥有0.4位心理咨询专家。但是，回到20世纪60年代，美国还只有4000名心理咨询专家。在20世纪五六十年代，美国经历了20多年的战后繁荣期，物质生活极大丰富，人们开始反思千篇一律的工业社会、生活成本高企的大都市带来的心理问题。20世纪70年代的美国社会经历了一连串“暴风骤雨”——越战泥潭、滞胀危机、种族冲突……这也造成了年轻人的精神危机，使心理问题成为全社会关注的焦点。从20世纪70年代开始，美

1　数据来自美国劳工部。从事心理卫生工作的人员包括12.5万名心理咨询专家、2.6万名精神科医师、7.1万名精神科技术员、5.7万名精神科护理、3.8万名心理学教师。

国社区心理健康中心、康复治疗中心、就业帮助等部门开始大量聘用心理咨询工作者，美国各州开始设置心理学职业资格考试，开启了心理咨询的职业化进程。目前，美国有12.5万心理咨询专家，他们的平均年薪为8.7万美元，比全美劳动者平均薪酬高66%。

随着中国社会迈入万元美金社会，尤其是大城市的“中产化”，以及“90后”独生子女一代的成长，心理健康越来越成为中国社会的关注点，人们也越来越愿意为解决心理问题的困扰而付费。截至2018年年底，我国“心理咨询”注册公司的数量是5年前的5倍。2016年至2018年，在心理咨询互联网平台“简单心理”上，来访者进行心理咨询的次数从人均9.63次增长至人均11.92次，这两年内的人均咨询花费也增长了近28%。

2017年4月，CCTV4（中央电视台中文国际频道）的一则新闻报道震惊网民：“心理咨询师的日薪可达9000元。”当然，这只是特例，不过心理咨询师职业的确收入不菲。根据《2018心理咨询行业人群洞察报告》，咨询经验在5000小时（如果按每天5小时、一年200个工作日计算，则为5年咨询经验）以上的心理咨询师，单次咨询收费一般在500元以上，50%的资深心理咨询师月收入可以超过2万元。

为什么很多人眼中“聊天就能挣钱”的心理咨询职业收入如此之高？这反映出我国专业心理咨询师的巨大缺口。据统计，截至2018年年底，虽然持有国家二级、三级心理咨询师证书的人有120万，但目前很多心理咨询师缺乏规范、扎实的系统培训（一般仅接受过3~6个月的短期应试训练）。据业界估计，120万名心理咨询师中真正有能力提供专业服务的仅有3%左右。这样计算，专业心理咨询师不到10万人，平均每千名中国人拥有的专业心理咨询师不足0.1人。如果我国心理健康行业要向美国看齐，那么我国专业心理咨询师缺口多达50万人。

心理咨询师也是典型的“滚雪球型”职业，处于起步阶段的心理咨询师往往收入微薄：根据统计，咨询经验在100小时以下的咨询师，单次咨询收费一般为200元以下，月收入小于2000元。心理咨询师绝非“聊天就能挣钱”，除了需要掌握各流派心理学理论知识之外，还要积累案例经验，在实战中磨炼沟通能力、洞察力、语言表达能力，这样才能成为一个能够帮助来访者排忧解难的专业心理咨询师。随着工作经验的积累，心理咨询师的薪酬将有大幅增长。经验在5000小时以上的咨询师，单次咨询收费上涨至500元，70%的资深咨询师月收入在1万元以上。

除了向心理咨询师求助以外，一些“空巢青年”将宠物作为新的情感寄托。2019年10月，在北京市通州区，一家特殊的“幼儿园”开张了，专门招收“毛孩子”——宠物狗。每天早上8点，主人可以把宠物狗送到这里，托管给专业的训导师。“幼儿园”制定了从早8点至下午5点的课程表，安排了日常护理、遛放玩耍、行为纠正和训练等课程。这样的新鲜事物折射出“宠物经济”的崛起。截至2018年，中国养宠家庭的数量为9978万户，在2013年至2018年的6年里，增长了43.9%。而且中国70%的宠物主人是年轻人，年龄在20~35岁，生活在一、二线城市，把宠物当作自己的家人，有大量宠物养护、健康医疗等方面的信息及产品需求。[1]“宠物经济”也催生出一系列“滚雪球型”职业。宠物驯导师、宠物美容师等新型职业如雨后春笋一般出现在大众视野中。在一线和热点二线城市，很多驯犬基地已经出现，专业驯犬师也成了热门职业。在北京，找专业驯犬师上门指导两小时，就需要花费3000元。在宠物市场日渐庞大的背后，也有一群同样身着白大褂的生命守护神——宠物医生。“兽医”由充满乡土气息的职业转变为高收入职业。入行12年的沈阳的曹医生2005年每月收入仅有800元，2007年时涨到2000多元，如今月薪已过万元。根据智联招聘与美团点评发布的《2018年新职业人群工作生活现状调研报告》，有28%的宠物医生月收入超过2万元。而且宠物医生也面临很大缺口，截至2018年，虽然我国有接近1亿户养宠家庭，但拿到兽医资格证书的医生只有9.1万人[2]，平均1000个养宠家庭才有1位兽医。

2020年，“怕死、爱美、孤独”的万元美金社会推动了三波消费趋势浪潮，让医生护士、健身教练、美甲美容师、心理咨询师、宠物医生等“滚雪球型”职业浮出水面，来到聚光灯

1 数据来源：狗民网《2018年中国宠物行业白皮书》。
2 其中执业兽医师6.4万人，执业助理兽医师2.7万人。

下。乘上时代趋势的快车，每一个劳动者都可以选择契合自己优势禀赋的“滚雪球之坡”，滚出职业和财富的雪球。

每一颗种子都能找到自己的土壤

虽然医生职业的折旧率低、收入高，能产生越老越值钱的“滚雪球”效应，但是医生也是一个有“高学历门槛”的职业：如果你想进公立医院，那么至少要有知名高校的本科、硕士学历；如果你想进北京、上海的三甲医院，则至少是博士起步，还要与清华、北大或者海外的医学博士们竞争上岗。

在互联网大潮中，年薪30万元是“中庸”水平，年薪百万元的人也比比皆是。但是，你想进阿里巴巴、腾讯、网易等公司当程序员，至少要是“985”“211”大学毕业的，还要面对和清华、北大毕业生的激烈竞争——阿里巴巴、腾讯、网易都是清华、北大毕业生的前十大毕业流向地。[1] 2019年，华为以200万元年薪招聘应届毕业生的消息刷爆很多人的朋友圈，但是拿到高薪的8位毕业生都是北大、中科大、中科院等顶尖高校的人工智能研究方向的博士。

所以如果你不是“学霸”，这些职业都只能是“美人如花隔云端”，可望而不可即。换句话说，能考上顶尖大学的人还是少数。如果我们用2001年出生人口数量来估算2019年适龄高

1　数据来源：清华大学《2018年毕业生就业质量报告》、北京大学《2018年毕业生就业质量年度报告》。

考人口，那么2019年全国普通本科录取人数为309万，占当年适龄高考人口（1696万）的18%。“985”“211”大学招生数约为60万人，仅占当年适龄高考人口的3.5%。每年不能上大学或者没有上顶尖大学的1000多万年轻人怎么办呢？是不是人生就从此灰暗了？

世界从来不是只有一种颜色。每一颗种子都应该找到属于自己的土壤。

我们团队分析计算了这几年招聘市场的要求，将职业分为高学历门槛职业、中等学历门槛职业和低学历门槛职业。如果在某职业的招聘中，50%以上工作岗位的招聘要求大专及以上学历，则我们将其定义为高学历门槛职业；如果20%~50%的工作岗位的招聘要求大专及以上学历，则我们将其定义为中等学历门槛职业；如果要求大专及以上学历的工作岗位占比不足20%，则为低学历门槛职业。程序员、牙医、宠物医生等职业都在高学历门槛职业之列；行政、秘书、证券分析属于中等学历门槛职业；而健身教练、美容美发、美甲美睫等职业在招聘时的学历要求较低，属于低学历门槛职业（如图2-4所示）。

虽然就一般规律而言，学历和收入成正比，但是低学历不代表低收入，低学历门槛职业中也存在高薪职业。比如主播/签约艺人、健身教练、美容美发师的招聘工资都在6000元以上。普工/操作工、服务员的招聘工资较低，分别为5077元、4303元，和招聘学历要求非常接近的美容美发师的招聘工资相差了24%。

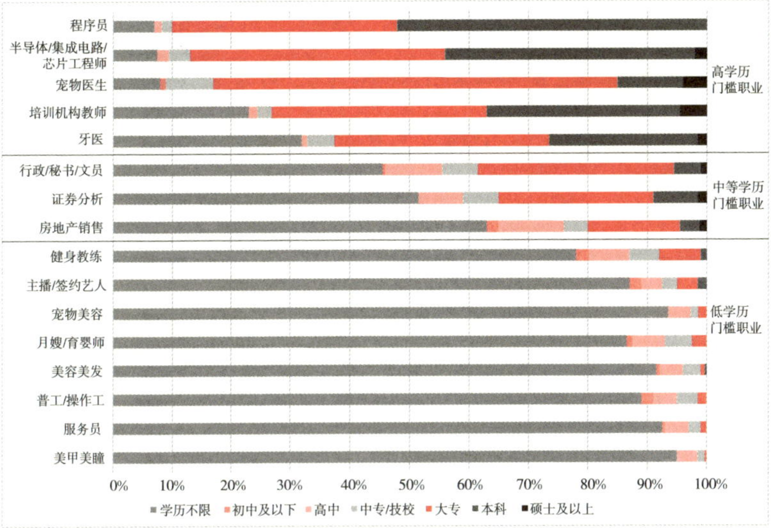

图2-4　各职业学历门槛

同样地，高学历也不等同于高收入。高学历、中等学历门槛职业中也存在低薪职业，秘书/行政文员的招聘工资仅为4650元，比流水线工人的工资还低。牙医、程序员则属于高薪职业，招聘工资在1万元以上，与秘书/行政文员的招聘工资相差了163%（如表2-3所示）。

24%代表的是低学历门槛职业中“滚雪球型”与“推石头型”之间的差距，163%代表的是中高学历门槛职业中“滚雪球型”与“推石头型”之间的差距。很明显，学历越高，选择“滚雪球型”或“推石头型”职业带来的差距会越大。

表2-3　2019年各学历门槛职业的招聘工资

低学历门槛职业招聘工资		中等学历门槛职业招聘工资		高学历门槛职业招聘工资	
职业	月薪（元）	职业	月薪（元）	职业	月薪（元）
主播 / 签约艺人	9284	房地产销售	9264	牙医	12212
健身教练	8636	证券分析	9255	程序员	11392
美容美发师	6280	秘书 / 行政文员	4650	半导体 / 集成电路 / 芯片工程师	9795
美甲美睫师	5851			宠物医生	7833
普工 / 操作工	5077			培训机构教师	6555
服务员	4303				

根据各职业的技能回报率，我们团队在低学历门槛职业和中高学历门槛职业中，选出了6类典型的“滚雪球型”和“推石头型”职业。

在低学历门槛职业中，服务员、普工/操作工的技能积累回报率非常低，5年经验积累的溢价也仅为11%、25%，这是典型的“推石头型”职业；而健身教练工作5年后，招聘工资可上涨43%；美甲美睫师、美容美发师工作5年后，招聘工资可以翻1倍以上。

在中高学历门槛职业中，牙医、程序员、集成电路工程师、宠物医生都是“滚雪球”的好赛道。工作10年后，牙医的招聘工资可以增长近1.5倍，程序员的招聘工资也可以翻1倍。而培训机构教师工作10年后，招聘工资仅上涨67%（如表2-4所示）。

表2-4　各职业的技能积累回报率

	滚雪球型	推石头型
中高学历门槛	牙医：148%	培训机构教师：67%
	程序员：121%	
	半导体 / 集成电路 / 芯片工程师：93%	
低学历门槛	美容美发师：112%	服务员：11%
	美甲美睫师：102%	普工 / 操作工：25%
	宠物美容师：82%	
	健身教练：43%	

注：低学历门槛职业技能回报率 =（5 年以上工作经验招聘薪资 / 经验不限招聘薪资 -1）× 100%

中高学历门槛职业技能回报率 =（10 年以上工作经验招聘薪资 / 经验不限招聘薪资 -1）× 100%

你可以依据自身优势禀赋选择自己的“滚雪球”赛道。

一个萝卜一个坑，条条大路通财富。

如果你是学霸，可以选择做医生、程序员；如果你热爱健身、社交能力强，可以选择做健身教练；如果你是个爱美细心的小姑娘，可以选择做美甲师、美容师。如果你像李佳琦一样口才出众、热爱美妆，而且具有面白唇红这些禀赋，美妆直播、网红经济也是可选的道路。

2020年，职业的林间，路已经分岔。“滚雪球之坡”与“推石头之坑”的分野也日渐清晰。从认知到选择，我们走上的路将决定我们未来的财富创造之路。

第三章

位置决定命运

人类是城邦的动物。[1]

——亚里士多德

城市与财富：被忽略的选择题

城市创造的奇迹

2019年，孙玲的人生在纽约切尔西第八大道上华丽地展开。

早晨8点，高楼鳞次栉比的曼哈顿岛人潮涌动。孙玲穿着连帽卫衣，踩着运动鞋疾步如飞，紧贴早高峰人流奔向谷歌的纽约总部办公室。她是纽交所上市公司EPAM——谷歌云业务的重要合作商——的一员。到了办公室，放下黑色双肩包，孙玲赶紧按亮了两个电脑屏幕，忙着调试谷歌云计算业务的代码。孙玲的周围，坐着大批从斯坦福、麻省理工毕业的天之骄子。年薪12万美元，身边每一棵绿植都被修剪得极具艺术与摩登感，办公环境享有“员工天堂”的美誉，显示屏闪动着一行

1 ［古希腊］亚里士多德，《政治学》，中国人民大学出版社2003年版，第一卷第二章。意思是人群为了生存需要，自然地聚集在一起；又为了生活需求的扩张及满足更高的要求，组成更大的团体，发展出城邦。人类聚集并生存在城邦中，是出于本性。

行代码——这就是28岁的孙玲所在的世界。而在10年前，这个世界对于来自湖南省娄底市偏远乡村的女孩孙玲来说，还是一个遥不可及的梦。当年的她只是一个18岁的乡镇高中毕业生，拿着2300元的月薪，在深圳一家工厂的流水线上监测电池的正负极。

2009年11月的一个周末，孙玲从她所在的工业园区出发，转两趟公交车，来到了深圳福田区的华强北商业区，走进了一家专业计算机培训机构。这个只有18岁、身材娇小的年轻女孩还不知道，在走进玻璃门的那一刹那，命运的旋转门也为她打开了。

曾经的华强北是名副其实的中国电子第一街。所有中国制造的数码产品及零部件，大到百寸液晶面板，小到微米发光二极管，都在这里流通。前店后厂的模式[1]，让这里的市场动向成了大量信息技术人才需求的指挥棒。和深圳这座城市的草根气质一样，华强北提供了全世界最具“市场导向”和实用性的计算机课程——学制有在职的、全日制的，课程内容根据最新的行业用工需求有所侧重。和学院派不染烟尘的课程不同，华强北提供的很多课程都是“从零开始”，注重“快速上手”的实战技术。前18年生活在山沟沟里，不怎么会操作电脑的“孙小白”无论如何都想不到，1年后的自己，居然凭借着“能用”的

1　前店后厂模式原指珠江三角洲地区与港澳特区经济合作中地域分工与合作的独特模式，在这里，指在前面扮演“店”的市场和销售与在后面扮演“厂”的加工和制造联系紧密。

Java编程技能，过五关斩六将进入嘉德永丰开发科技股份有限公司，在这家IT公司做起了软件开发程序员。

在一个“奋斗18年，才能坐在这里和你一起喝咖啡”[1]的时代，来自偏远农村的高中生孙玲，几乎注定要在流水线上被岁月日复一日地碾轧。但是“深圳–华强北”改变了潮水的流向。尽管是最底端的基层码农职位，对孙玲来说，也是命运攸关的一跃，她进入了曾经可望而不可即的IT行业——这个行业和深圳这座城市的势能让她能够站在更高的肩膀上。

从孙玲刚踏入深圳到2015年，我国网民规模从3亿涨到了6.7亿，IT行业也因此发生了剧烈变革。在大城市的行业最前沿，孙玲感受到如飓风般卷入的优秀人才正在让竞争变得白热化。她在拿到了大专文凭后又找到了深圳大学专升本的自考机会：平日加班工作到深夜，周末跑到深大进行两天紧张的学习。在这里，孙玲获得了学院派扎实而系统的训练。虽然一般人用4年就能做到的事情，孙玲用了7年，但是她终于在2016年拿到了深大计算机系专升本的文凭，英语也过了四级——命运之门再一次对她敞开。

2016年年底，深圳一家留学机构的一则平淡无奇的招生广告从无数人的电脑网页上掠过——赴美带薪学习9个月，实习1年，有留美工作机会。孙玲扫到这则招生信息时内心激动不已。再

1　这一说法出自一篇现实题材的文章——《我奋斗了18年才和你坐在一起喝咖啡》，作者是网名叫“麦子”的人。他在文章中用18年的人生经历向我们展示了一个出生农村的普通人努力改变命运的艰难历程，引发了千万网友的共鸣。

细看要求，工作经验、学历、英语能力自己都满足，仅差第一期的学费与雅思成绩。接下来的2017年，孙玲的生活就是工作、学习，然后拼命存钱。虽然一路坎坷，但是深圳这个有梦就可能实现的地方，给了所有她想要的学习机会，让她从月薪2300元的厂工成长为薪水过万元的白领程序员，又让她从东八区一跃飞到了大洋彼岸的西五区。

在孙玲忙着改变命运的时候，在距离深圳华强北15公里的龙岗区坂田街道，一家叫作华为的企业正在成为全世界的话题。2019年的华为，是一家掌握着最先进的5G技术，在全球170多个国家和地区都拥有业务，营收千亿美元的巨型企业。

时间往前回溯32年。1987年，43岁的任正非刚离婚，背着200万元的负债在泥泞中开始了艰难创业。而他的泥泞之地，正是和东方之珠香港仅一河之隔的深圳。将香港的电子产品倒卖到内地来，是20世纪80年代深圳最重要的商业模式。任正非最初就是做香港康力公司HAX模拟交换机的代理商，从香港购入设备，再卖到内地。不久之后，世界各国的程控交换机厂商以及大大小小的代理商迅速盯上了中国这个巨大的通信市场。在深圳，光是代理HAX模拟交换机的代理商就多达上百家。竞争越发激烈，代理毛利被迅速压缩。

1992年的春天，长篇通讯稿《东方风来满眼春——邓小平同志在深圳纪实》[1]让深圳这座城市成了最先被改革开放春风吹

1 原载1992年3月26日《深圳特区报》，新华社发。——编者注

动的地方，也成了有闯劲儿、有技术的年轻人最向往的城市。郑宝用——华为的二号功臣，在去华为这家“吃了上顿没下顿”的小型民企和去清华大学读博的两个选项之间，毅然选择了前者。他接下任正非交付的重任，希冀从西门子、爱立信、朗讯等公司的技术垄断中突出重围，自主研发大型交换机。对他来说，华为的困顿只是暂时的。年轻繁荣的特区几乎一天一个样，搞出自研交换机的希望也和这个带着魔力的城市一样，就在不远的未来。当时为了自主创新，在现金流极其紧张的关键时期，几乎每一笔合同预付款都被华为投入到了生产和研发中。团队里每天都有人因为高度的不确定性离开，但又马上被逐梦南下的顶尖高校毕业生填满。1993年，华为自研大型交换机技术在深圳站稳脚跟，由此翻开了公司的新篇章。华为也成为在这片特殊的土地上诞生的无数个偶然中的必然之一。

一个人海中的普通人、一个万亿商业帝国——迥异的财富轨迹、迥异的世界，却因为“深圳”这个名字，产生了某种奇特的交会。这背后神秘的力量就是“城市”。

人类的财富创造从来都和城市紧密相连

在大多数风云人物的财富创造史里，城市都是决定成长的核心因素。1798年，内森·罗斯柴尔德（Nathan Rothschild）只身来到伦敦。作为大英帝国的资金心脏，伦敦为罗斯柴尔德家族[1]提供了充分利用金融杠杆的机会。他们大量发债、贷款给英国政府，借力英国崛起，完成巨额财富的积累。大约200年后，在扎克伯格（Zuckerberg）尝试为当今拥有21亿全球用户的社交媒体平台脸书融资的时候，波士顿的风险投资人拒绝了他。无奈之下，2004年，他从波士顿搬到了硅谷。活跃于硅谷的天使投资人彼得·蒂尔（Peter Thiel）给了他第一笔启动资金，他也从背靠硅谷的斯坦福大学里招募到能实现自己宏伟愿景的大批技术人才。“如果我待在波士顿，脸书不一定会如此成功”，这是扎克伯格内心的唏嘘。

对于马云来说，杭州也不是偶然的“落脚城市”。21世纪初的长三角是轻工业（比如来料加工制造、出口纺织品、箱包和日用品）民营小企业的天下，这些小企业遍布长三角的每个镇甚至每个村庄。这些企业天然有降低信息不对称性、完成高效交易匹配的诉求。当信息时代来临的时候，阿里巴巴的电商业务迅速在这里集结商户。没有长三角这样的地域特征，也不会有阿里巴巴“让天下没有难做的生意”这样的企业愿景。更重要的是，杭州极其开放的金融体系为阿里插上了腾飞的翅膀。2004年，阿里电商业务已快速膨胀至每日8000笔；一年后，业务增长至每日几万笔。“堆积如山”的转账指令由杭州

1 罗斯柴尔德家族始于迈尔·阿姆谢尔·罗斯柴尔德（Mayer Amschel Rothschild），他原本是在德国提供银行服务的犹太银行家。他的5个儿子分别将业务拓展至伦敦、巴黎、法兰克福、维也纳和那不勒斯。19世纪，罗斯柴尔德家族成为世界上最富有的家族，同时也是世界近代史上最富有的家族。其中，内森对家族财富积累的贡献最大。

工商银行的300名员工一一处理。在一个无法通过信用卡实现担保交易的环境里，支付宝与杭州工商银行曾经有过很长一段并肩作战打通支付系统的日子。阿里巨大的成功有很多解释，但杭州、长三角的地域要素，却常常被人忽视。试想一下，如果阿里出生在贵州或者西宁，是否还会是今天的阿里？

城市之于人和机构，就像希腊神话中的大地女神盖娅之于巨人安泰俄斯。一旦脱离大地的滋养孕育，巨人也会孱弱不堪。

不同的城市带来不同的财富创造力

从1978年到2019年，应该是近千年来中国普通家庭财富增长最快的几十年。这几十年的“中国奇迹”本质上是普通百姓财富增长的奇迹。但是很少有人意识到，同样的人在不同城市获得的财富创造能力是完全不同的。

1992年，北京工薪阶层一个普通三口之家的年净收入是7668元，同年广西南宁市一个双职工家庭的全年可支配收入是6318元，二者相差甚微。20多年后的2019年，同样的双职工三口之家，在北京的年净收入约为203970元，而在南宁的则为105828元。相同的起点，仅仅因为城市不同，20多年后的财富创造能力就相差了几乎1倍。[1]这还仅仅是流动性的收入，要是考虑家庭房产价值差异，相差得就更多了。假设三口之家拥有

1　扣除税收和社保等支出后的年净收入根据国家统计局公布的各城市的城镇居民人均可支配收入测算。

90平方米的房产，按照2019年10月北京和南宁房产的均价计算——6.42万元/平方米和1.25万元/平方米[1]，房产价值分别是578万元、113万元，差了4倍多。而这都还是有形的财富。北京这个城市带来的无形资产，比如各种博物馆、画展，众多对外交流的机会，以及优秀人才汇聚的环境，根本没有办法被计算进去。而这些无形资产会塑造我们的财富观，未来会决定我们下一代的财富创造能力。

从某种意义上来说，个人或者家庭的财富路径，大多是我们所在城市的注脚。在2019年8月的香帅线下大课《做财富的朋友——城市篇》的开头，我略带伤感，但又斩钉截铁地陈述了我们这个时代关于财富和城市的一个事实：城市决定着你财富的上限，也决定着你财富的下限。

城市选择指引人类的财富之路：微观原理

世界著名的城市经济学家、哈佛大学教授爱德华·格雷泽（Edward Glaeser）给出了一个极简的模型。在这个模型中，格雷泽将人的财富创造过程（X）理解成人们投入生产要素，在某个城市进行生产的过程（X）。[2]人们投入到财富创造过程

1 数据来源：中国房价行情网，http://www.creprice.cn。

2 Edward L. Glaeser,Joshua D. Gottlieb,"The Wealth of Cities:Agglomeration Economies and Spatial Equilibrium in the United States",*Journal of Economic Literature*,2009.03.在文章给出的模型中，人的财富创造过程$X=AF(K,L)$。其中，技术水平A跟城市绑定且随着时间变化。一部分资本投入K在每个城市通用，比如在任何城市都能修建一样的厂房。而另外一部分资本投入K不能挪动，与城市绑定，比如一个城市的矿产资源、离港口的距离等。城市的财富创造水平，因为投入要素因城而异，所以体现出很强的城市特征。

中的多个生产要素，都与城市密切绑定。比如，每个城市的技术水平（*A*，advanced technology）就存在巨大不同——上海纺织业的平均技术水平跟纽约的同行业相比就存在差距，也跟米兰纺织业的平均水平存在差距。同样地，个人的人力资本增长速度更是与所在城市息息相关。本章开头提到的孙玲，如果不是在深圳这样一个魔法城市，怎么能想象她在短短10年内打怪升级，从“青铜”成长为“王者”，再站上世界之巅？一个普通程序员在深圳锤炼10年与在小城市消磨10年，获得的技能和经验是完全不一样的。为什么艺术家会扎堆在纽约、伦敦？为什么那么多怀揣梦想的人背井离乡，在天通苑“北漂”，在漕河泾“沪漂”，在远方蜗居煎熬？因为站在对的城市的肩膀上，我们会被赋予更强的财富创造能力。就像伟大的亚里士多德在公元前325年告诉我们的：人类是城邦的动物。

人无法选择先天的禀赋，就像一颗种子不能选择自己的基因和种属一样。但人可以选择城市，犹如蒲公英可以选择落地的土壤——同样的种子，在肥沃的土壤、温润的季候风中结出的果实和在贫瘠的土地上结出的果实是不一样的。

很多人纠结职业的选择，困惑资产的选择，却从来没有意识到，对城市的选择更深刻地影响着个人财富。在顶级经济学期刊《政治经济学杂志》（*Journal of Political Economy*）中，普林斯顿大学的教授埃斯特班·罗西–汉斯伯格（Esteban Rossi-

Hansberg）等人总结道：

“一个人所站的位置，决定了他的生产效率、收入以及福祉。”[1]

位置决定收入

17世纪以前，人类活在与饥饿的抗争中。土地是人类最主要的食物来源，几乎所有人都被拴在土地上。“易于耕种的纤细黄土，能带来丰沛雨量的季候风和时而润泽大地、时而泛滥成灾的黄河，是影响中国命运的三大因素。”[2]

工业革命开始之后的不到300年时间里，世界人口数量翻了7番，全球GDP增长了168倍。和经济爆炸式增长同时进行的，就是持续的大规模的城市化：1700年，仅仅有2%的英国人居住在城市里。随着工业革命的展开，城市里出现了规模化的机器厂房，人们开始流向生产效率更高的地方，去寻求更高的收入。300多年后的2018年，83%的英国人居住在城市，每一个人的人均产值是300年前的25倍。[3]

和西方数百年的工业化、城市化的进程不同，中国数亿人从村到城的迁徙时间，被压缩为短短的几十年。这个选择带来

1 英文原文为：An individual's place of residence is essential in determining her productivity, income,and well-being. 这句话出自Klaus Desmet,Dávid Krisztián Nagy, Esteban Rossi-Hansberg,"The Geography of Development",*Journal of Political Economy*,2018.06.

2 黄仁宇，《中国大历史》，生活·读书·新知三联书店2014年版，第33页。

3 根据History Database of the Global Environment（HYDE）数据库的城市化率以及Maddison Project数据库中的人均GDP水平进行测算。

的财富效应，是中国百姓脱离贫困最大的杠杆。

2019年，35岁的李华，来自河南驻马店确山县留庄镇毛绳村，她一家已经在广州、东莞、北京辗转迁徙了20年。她和她家庭的轨迹，就是城市选择财富效应的一个缩影。李华生于1984年，和村里大部分“80后”一样，她没有挨过饿，但关于贫穷的记忆还是深深刻在骨子里。只有逢年过节来客人，她才能吃上大米饭，还会和姐弟们为了多争一口饭大打出手。在她记事的年代，她知道有个叫“城镇户口”的东西，将她和“城市”隔绝在两个不相通的世界。她听父亲说，父亲年轻时去省城走访亲戚，都得先去公社开个证明，上报自己去哪里干什么。

李华不知道的是，她记忆中的贫穷其实和这个“户口”密切相连。对人口流动的限制，实际上就是对最重要的生产要素——人力资本——的流动性的限制。人们被禁锢在村庄小镇，无法进入城市，生产要素无法流动到效率更高的地方，经济增长自然会因此停滞，人们的收入也无法提高。改革开放则是一个城乡分割逐渐减弱、人口流动性逐渐加大的过程。据研究测算，即使到了20世纪90年代中期，以当时的人口流动程度计算，人均产出也比人口完全自由流动时损失30%。[1]

河南是人口大省，人均土地很少。李华婆家一共7口人，连

1 Chun-Chung Au, J. Vernon Henderson, “How migration restrictions limit agglomeration and productivity in China”, *Journal of Development Economics*, 2006.08.

田带旱地一共6亩（0.4公顷）。在收成最好的年份，一亩（约0.067公顷）地可以种一季花生（收成2000元）、一季小麦（收成1500元），一年能收入3500元。扣除种子、化肥、农药、机器租用等成本，一年一亩地的净收入是2500元，6亩地的净收入就是15000元。如果在计划经济时代，李华全家都留在农村种地，7口人的平均月收入就是179元。在这样的经济状况下，一家人仅能吃饱饭，留不下一点零用钱，而且这还是收成最好的年份。如果碰到旱灾，不要说利润，连种子和化肥、农药的钱都挣不回来。

1999年，李华初中毕业就去了广州制衣厂打工，成了流水线上的工人。她还记得第一个月收到800元工钱时的感受：那是她人生第一次攥着这么多现金，也是她第一次感受到“城市”和“乡村”之间那条巨大的鸿沟。一个15岁女生两个半月的收入和作为家里壮劳动力的父兄一年的收入相差无几。

1999年，确山县农村居民可支配的年收入是1744元，广州城镇居民可支配的年收入是21577元，后者是前者的12倍多。李华的“第一桶金”，就是城市选择的结果。当时，珠三角和长三角的劳动密集型制造业像海绵一样吸引着像李华一样的农民工。2000年年初，仅广东一省的纺织服装、鞋帽制造业就吸纳了近100万人就业，2008年更是达到了111万人的顶峰。当然，“李华们”的选择也造就了“中国奇迹”——从2001年中国加入WTO（世界贸易组织）到2008年，中国对外贸易的盈余增长了10倍。

在美国，城市人口比重从1800年的6%上涨到1950年的60%多，用了150年的时间。在此期间，人均收入增长了近8倍。在我们国家，从村镇走向城市的人口持续增加，城市人口比重从1950年的11%上升到1996年的30%，再到现在的60%，仅用了近70年的时间。在此期间，人均收入增长了20倍。[1]

北京大学的徐远教授在他的《人·地·城》一书中写过一句意味深长的话："人类演化的一条轨迹，是更多的人离开土地，汇成城市。"这句话更深层次的表达是，人们对城市的选择，就是对财富和增长的选择。

2020年，万元美金社会与城市再选择

2019年10月15日清晨，夏宇早早地打开了电脑，不断刷新着北京市积分落户申报网站的页面，翻看论坛和微博上的最新消息。这是夏宇在百度（北京）工作的第8年，他终于获得了申报落户的资格。[2]夏宇，32岁，国内顶尖"985高校"的硕士毕业生，又有百度这种"高科技企业"加持，条件很好。但是他仍然非常忐忑，因为2019年百度大搜索部门海纳了400余名应届毕业生，其中有大批清华、北大、复旦、上海交大的本硕博学生，他们当中通过校招途径拿到北京户口的比例不足1%。

1　根据HYDE数据库的城市化率以及Maddison Project数据库中的人均GDP水平（扣除通胀影响）进行测算。

2　申报北京积分落户的硬性条件之一，是在京连续缴纳社会保险7年及以上。

一晃神，北京市新一轮的积分落户人员名单总算出炉了。6007人入围，通过率不到5%。夏宇扫了一眼自己的分数，离落户线93.58分还有些距离，但还算是意料之中。

说起来，夏宇并不是一个没有选择的男生。作为具备高学历的理工男，他有上百个城市可以选择。2019年，为了引进更多人才，各城市的“抢人大战”不断上演。天津、武汉、郑州、南京、合肥、长沙、海口……150多个城市相继发布了人才落户优惠政策：送房、送购房租房补贴、送创业补助金，金额从千元到千万元不等。西部重镇西安的抢人策略更激进，即使不是应届大学毕业生，只要是“教育部学信网在册人员”就可以落户。要是被认定为A类人才，更是可以直接获得100万元的购房补贴。参考西安市中心1.5万/平方米的房价，这相当于送一套六七十平方米的小套间。

但是对成千上万的“夏宇们”来说，他们就像武侠小说《白马啸西风》里的李文秀所说的一样，“那些都是很好很好的，可是我偏不喜欢”。

2019年，中国即将进入万元美金社会。世界上几乎所有高收入国家，在“万元美金”这个节点上，都经历过一次人口对城市的“再选择”——从小城市汇聚到大城市。1990年，全球人均GDP不到5000美元，全球千万级别人口的城市只有10座。2019年，全球人均GDP接近1.1万美元，千万级别人口的城市变成了28座。在过去大约30年的时间跨度内，世界的人口都在向大城市聚集。“夏宇们”面临的选择，其实也只是人们涌向生产效率更高地区的历史常态。

很多人认为，社会越富裕，就越追求“诗和远方”。《老友记》中瑞秋父母的家、《生活大爆炸》中谢尔顿父母的家，都是带着大草坪的郊区大别墅。在大多数人的想象中，这样的生活才是中产阶层的标配。更何况，还有数据显示，洛杉矶、纽约等大城市自20世纪60年代以来，时常出现少量人口持续流出的现象。

但真实的全景数据是，1978年美国进入万元美金社会后，城市化率从73.68%持续上升到82%，人均GDP翻了6倍。而那些从大城市“流出”的人们，也没有走太远。他们或是去了同一个城市圈的其他地方，或是换了座大城市。从《老友记》到《生活大爆炸》，一代代年轻人的故事，仍然都发生在城市的公寓里。

多个维度的测算表明，中国当前的大城市集聚程度还很有限。根据世界银行的数据[1]，在考虑了人口密度、大城市人口规模和距离附近大城市的通勤距离后，2006年世界平均的人口集聚程度是52。其中，美国是72.3，日本是92.9，韩国是89.6，英国是84.7。与之相比，中国36.2的人口集聚水平，则和刚果、几内亚、肯尼亚等非洲国家接近。即使是2019年，中国常住人口最多的前30位大城市的人口数量占全国人口的比重才达到25%，远远低于同期美国46%的比例。而从每平方公里的产出

1 Hirotsugu Uchida,Andrew Nelson,“Agglomeration Index:Towards a New Measure of Urban Concentration,”*World Bank Working Paper*,2008.02.

（城市经济密度）来看，即便是我国当前的北上广深，经济密度也仅为2亿~3亿美元/平方公里，在新加坡、首尔，这一指标是5亿美元，东京为7亿美元，纽约接近10亿美元。这些国际化大都市在单位面积上的高经济产出，均由人口规模支撑。

看来，“聚集”仍然是中国城市人口的发展趋势。而万元美金社会的城市选择拐点，就是从小城到大城。数字时代又为中国城市选择的这个拐点提供了新的证据。从2019年到2020年，中国人的城市选择，到底哪里是火焰，哪里是海水呢？

网络人口：中国人的迁徙和分布

2019年，我们团队利用智能手机设备的定位数据，测算出了各个城市的“网络人口”，对人口的分布情况进行了全新的刻画。

我们把用户智能手机设备登录最多的城市设置为用户的真实常住地，在测算过程中去掉低活性设备等因素的干扰，用某地区15~64岁年龄段的人口使用移动手机设备的总数来推算该地区的整体网络人口数量。网络人口虽然不能完美地展现真实人口的分布，但是它能通过被动地追踪用户位置，尽可能准确地捕捉大量流动人口。它还是一个地区经济活跃人口的最佳衡量方式，因为一个人在线的活跃程度和他与网络产生的连接及随之附带而来的经济效益，呈现直接的正相关关系。我们还发现，网络人口对居民用水量、居民用电量和生活垃圾三大经济指标的解释力度，远远超过了其他传统维度的人口指标。

我们通过测算发现，2019年的中国城市呈现出一面是海水，一面是火焰的画面。纵横交错的中国犹如一张巨大的网络，零星分布的少数城市，是中国热得发烫的“火焰之城”（网络人口比常住人口多）——除了我们熟悉的北上广深、成都、杭州外，东南沿海以及长三角地区的一些城市（详见本章附表1A）也都像磁铁一样，吸引着人口流入。

西南一隅的成都是北上广深以外的一颗龙珠。成都的网络人口为2684万，比1605万的常住人口数高出1000多万。从流向分析来看，流入成都的外地人中，来自四川省内其他地区的人口占比为43.2%，来自云南、贵州、西藏、甘肃、陕西等周边省份的人口占比为9.3%，还有相当一部分人来自其他“火焰之城”：其中，来自一线城市的人口占比为1.4%；来自二线热点城市的人口占比为4.2%，这其中有七成是来自重庆的。换句话说，成都是四川省当仁不让的人口磁铁，加上省内城市及四川省周边，最少有1000万人在用脚步选择走向这座城市。

而火焰的反面，就是那些冰冷的海水——人们选择离开的城市。根据测算的数据，我们定义的“人口流出城市”（网络人口比常住人口少）大量分布在中部、苏北、鲁南以及西部地区（详见本章附表1B）。

在人口流出的城市中，作为传统直辖市的天津是个令人惊奇的存在：户籍人口1050万，常住人口1557万，而这座城市的活跃网络人口只有1402万。也就是说，人们的脚步在选择离开天津，去往北京、上海、深圳、石家庄、郑州及天津周边的廊坊、唐山。究其原因，是因为天津的第二产业占比高达43%，其经济体内部没能演化出很好的支柱型服务业，所以人们的脚步会转向服务业更发达、生产效率更高的其他“火焰之城”。

更有意思的是，在这种群体流动中，人们的选择并不是随机的。通过分析数据我们发现，2019年中国人的城市选择主要基于“就近”和“经济”两个原则——人们就近聚集，选择离家最近的经济发达的城市。比如，辽宁省各地级市居民迁徙的第一选择就是省会沈阳，而那些决定离开辽宁的人，第一选择则是北京。再比如，江苏人流向省外的第一选择是上海，选择去上海的人是选择去北京的5倍多。

基于网络人口的趋势分析与微观层面的个体选择遥相呼应。比如：在全国范围内，有53%的美团骑手选择在家乡所在的省内工作；选择在北京工作的骑手们，主要来自河北、河南和山西。

2019年的网络人口分布情况告诉我们：

城市选择中的马太效应正在不断增加，从小城汇聚到大城的城市选择拐点正在到来。

2006年以来的13年中，“大城市”的人口吸附能力已经在不断巩固。根据我们的测算：这13年间，“巨型城市”以及“超大型城市”[1]的人口累计平均增速约为30%，广州、深圳的

1 巨型城市是指人口规模在3000万以上的城市，超大型城市是指人口规模在1000万~3000万的城市，大型城市是指人口规模在500万~1000万的城市，人口规模在500万以下的则属于小型城市。

人口累计增速更是超过50%。这些城市人口剧增，是以不断地吸纳周边地域中小型城市的人口作为代价的。在我们的测算中，几乎所有的小型城市，网络人口数量均低于常住人口数量。这些地方的人口在过去10多年的时间里大量流出。再以四川省为例：过去10多年间，成都市常住人口增加了34%，净增加411万人；与此同时，全省其他地区的常住人口减少了282万人。

向大城市靠近，这是2019年中国人城市再选择的真实写照。这个选择的背后，是清晰可见的经济规律：大城市的“规模杠杆”。

规模、规模、规模——大城市的胜利

在夏宇的故事里，除了“北京户口”，每天早上的8—9点更是夏宇的梦魇。一身薄汗步行到沙河地铁站，深吸一口气，然后一头扎进带着酸臭味的人流中，脚跟贴脚尖地先排10分钟的队到进站闸，然后再上楼梯等上几趟列车，才能挤上去往西二旗百度大楼的地铁。2019年，夏宇乘坐线路的列车的早晚高峰满载率超过129%。北京地铁每天都运送一个伦敦城的人口，全国约18%的地铁客流都集中在这里。上海、深圳也不例外。早高峰期间，每一个从上海2号线地铁走出来的金融工作者，从深圳高新园站、车公庙站走出来的科技工作者，在迈进陆家嘴、深南大道、福田中心的摩天大楼的前一刻，都不得不整理汗湿的衣襟、乱掉的发型。

北上广深，千万个“夏宇们”在孤独而倔强地守着自己的“大城之梦”。

如果我们把镜头推向更远一点的世界，你会发现，“夏宇们”并不孤独。高峰时段的东京地铁是世界上最拥挤、最繁忙的地铁，它承载着东京城市圈持续20多年净流入的人口，地铁每天的早晚高峰都是上班族的地狱时刻。在地铁上，挤出了很多突如其来的东京爱情故事，也创造了“地铁推手”——专门推人上车的职业。

但即使对大城市高房价、高物价、拥堵和混乱的讽刺不断，日本人还是在不断地离开村镇，往东京汇聚。2019年，距离东京仅2小时车程，曾经辉煌一时的木业小镇奥多摩町遭遇严重的人口流失，不得不推行不论国籍免费送房的抢人政策。与此同时，被抱怨的东京则呈现出另一番景象。近5年来，东京都市圈、东京都（次核心）、东京23特别区（最核心地区）的人口增速分别为1%、3%和6%，越核心的区域越成为人们的选择。

为什么大城市有这么致命的吸引力呢？原因很简单，因为这些城市里隐藏着财富的“规模溢价”。不同规模的城市给居民带来的财富创造能力迥然不同。

在美国，同样的工作，在纽约、洛杉矶、芝加哥、休斯敦等大型城市，人们拿到的工资要比小城市高出32%，比城市圈高出21%。[1]即使完全扣除房价、物价等生活成本方面因素的

1 Edward L. Glaeser,David C. Maré,“Cities and Skills”,*Journal of Labor Economics*, 2001.04.

影响，差异仍然显著。造成这样的收入差异的主要原因就是规模溢价——大城市能够激发更强的生产能力。更有趣的地方在于，一个人的教育水平和工作经验也能在大城市获得更高溢价：本科及以上学历的人群在规模越大的城市工作，薪水越高。比如说位于湾区的圣何塞、旧金山的学历溢价，要比位于华盛顿州的贝灵翰姆每小时高出4美元。同样地，有20年工作经验的人在芝加哥、休斯敦等大城市的工资年均增速要比在美国农村地区平均高出10%。

中国也有同样的规律：规模越大的城市，学历和工作经验的溢价越高。根据几大招聘网站程序员的工资数据和各种访谈调研的数据，我们绘制出了2019年上半年程序员薪资的完整城市图谱（如图3-1所示）：

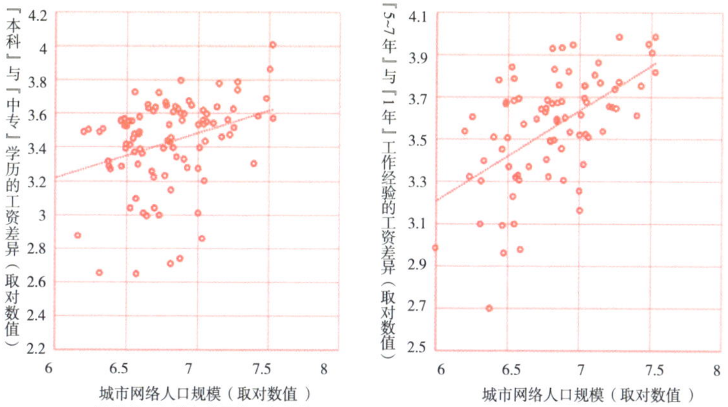

城市人口规模与学历的工资溢价　　**城市人口规模与经验的工资溢价**

图3-1　我国的城市人口规模与工资溢价

人口规模越大的城市，程序员的学历溢价越高。在北京，本科学历程序员的月平均工资为1.8万元，而中专学历程序员的月平均工资为0.8万元，差了1万元。而在潍坊、济宁这些城市，本科与中专学历程序员的月平均工资的差异仅为1000元。

人口规模越大的城市，程序员的工作经验溢价越高。在北京和杭州，有5~7年工作经验的程序员与有1年工作经验的程序员的月平均工资差异将近1万元，而在绵阳、哈尔滨、海口这些城市，不同工作经验的程序员的工资差异约为1000元。

人口规模越大的城市，程序员年均工资增速越快。同样的程序员在2000万人口以上的城市工作与在500万人口的城市工作，随着工作经验的增加，年平均工资增速差异达到7%。

这些数据意味着，一个本科毕业的普通程序员，和在小城市工作相比，在大城市工作不仅起薪高6000元，而且每过一年，工资涨幅也会多2000元。10年之后，在大城市工作的程序员能拿到40万元的年薪，而在小城市工作的程序员将拿着13万元的年薪。并且，这种差距的扩大不会停止。

城市规模的知识外溢效应

这就是城市规模带来的杠杆之一：“知识外溢效应”——人口越集聚，我们越有机会和更有经验的人在一起，向更优秀的人学习。当想法、前沿技术和创意跨过街道进行传播，在团队内部流动之时，这种集聚带来的人力资本的提升，会直接转换为我们所在城市的公司单位办公面积产出的增加、更高的生产效率和更强的财富创造能力。

更直白地说，大城市支付给我们的高薪酬，不是因为房价和生活成本更高，而是因为我们的人力资本成长更快。

所以，让夏宇真正离不开的，是这座城市给予他的成长。

夏宇公司所在的后厂村不到2平方公里，耸立的办公楼和攒动的人头却支撑起中国互联网的半壁江山。小米、腾讯、百度、联想、新浪、网易等科技巨头盘踞在此，互联网从业人数逾30万。在行业巨头的加持下，北京的一个互联网开发工程师的平均月薪是1.7万元，高于杭州、上海的1.5万元，几乎是中国互联网开发工程师月薪排在第20位的佛山的两倍。[1]

除此之外，夏宇还在西二旗获得了最快速的人力资本积累：有比自己更资深的技术人员可以虚心请教，从办公桌到星巴克，再到沙县小吃，都是交流学习的地方。在西二旗这块土地上，夏宇的新想法永远不会被认为“太不现实”。过去的几年，夏宇每1.5年升一级，越来越丰富的技术与经验和每次升级给他带来了20%的薪酬涨幅。

人口规模撬动的知识外溢效应还体现在“创新”上。文明创造和城市密不可分。当人们因为知识、贸易而集聚在一起的时候，新的智慧就产生了。每一个古代的枢纽城市，比如雅

1　互联网开发工程师月薪最高的20大城市，从高到低依次是：北京、杭州、上海、深圳、东莞、广州、无锡、厦门、南京、成都、重庆、武汉、长沙、大连、福州、宁波、苏州、西安、珠海、佛山。其中，北京市互联网开发工程师的平均月薪是17202元，佛山是9450元。

典、罗马、米兰，都是如此。

工业革命以来，几乎所有生产率的提高、技术创新的突破，都发生在当时具备一定人口规模的大城市，比如，第一次工业革命时期的曼彻斯特，第二次工业革命时期的纽约，信息革命中的旧金山湾区。在这些城市里，人们在交流中很快能将认知统一到行业最前沿，虹吸这个行业的最强大脑，在交互中产生新的知识突破。

2019年初有部叫《燃点》的电影，追踪了14个创业公司创始人的故事。其中一个细节很有意思，除了锤子科技和51信用卡的总部分别在成都和杭州外，剩下的12家公司，包括Papitude（短视频平台）、陌陌、拉勾网、皇包车、新氧等，总部全部位于北京。这个细节也和我们团队整理的金融数据遥相呼应。

做PE（private equity，私募股权投资）、VC（venture capital，风险投资）的机构必须捕捉各个行业的技术前沿与商业形态，才能做到“春江水暖鸭先知”。打开2019年获得PE、VC股权融资公司的名单[1]，我们发现它们大多聚集在大城市。也就是说，具有一定人口规模的大城市，把持着所有行业的创新前沿：

2019年，69%的初创明星企业集中在3000万人口量级的北上广深四个城市。

在互联网行业中，2019年成功获得投资的初创企业，北京

1 数据来源：CB Insights（全球最大的创投企业数据公司），https://www.cbinsights.com。

的公司占了32.3%，上海的公司占了19.1%，两个城市的获投初创企业加起来，已经超过了全中国一半的体量。

北上广深加上有1766万人口的杭州，孕育了计算机硬件行业84.2%的获投企业份额，通信行业81.2%的获投企业份额。

在高端工业制造和电子制造行业，80%以上的获投的初创公司，都位于人口规模在1000万以上的大城市。

当前中国的创新版图，其实和美国硅谷、波士顿128号公路科技长廊非常类似，它们都指向一个逻辑：具有一定人口规模的中心大城市，是最好、最强的知识聚集地，自带很强的向心力。很多需要知识外溢效应的行业，比如互联网、金融、软件等，根本离不开大城市的怀抱（详见本章附表2A）。

城市规模的专业化溢价

人口规模还拥有一种魔力——巨大的市场容纳度可以让每个人找到自己的位置，获得“专业化溢价”。

2019年，在6000多平方公里的上海市，密布着3.2万家餐饮门店，数量和密度都是全国之最。北上广深四城市的餐饮门店总量更是达到了11.2万家。这四个城市的餐饮业承载了700万人的就业，占了全国餐饮业就业人口的23%。[1]也就是说，北上广深四城，以全国1/14的人口，吸纳了全国餐饮业将近1/4的就业。

1　全国餐饮业就业人口为3000万。数据来源：中国烹饪协会，http://www.cinic.org.cn/hy/sp/462213.html。

每当华灯初上，在陆家嘴工作的徐大中要么习惯性地点开外卖软件，要么匆匆到公司楼下选家餐厅吃饭。对大城市里的徐大中来说，像爸妈那样买米买菜自己做饭的日子，极其遥远而昂贵。他算过一笔账：平均每天工作13个小时的自己月薪4万元，这意味着工作日的时薪是154元。作为一个成都男人，自己的胃仍然热爱毛血旺，但如果亲自做，从买菜、配菜、备料、煮高汤到烧成成品，花费的材料成本加上耗费2小时的时间成本，一顿毛血旺的成本价是500元——全上海最好的餐厅的毛血旺也卖不到这个价格。

所以在当今的大城市，“徐大中们”去餐厅和点外卖，其实比自己买菜做饭的经济和时间成本都要低。这就促进了大城市餐饮和外卖行业专业化的发展。在21世纪的大城市，伴随着现代人的收入不断提高，其他类似的专业化分工更加细致，新的工种和职业不断地被创造出来。比如说在英国伦敦，有种特殊职业叫“首席购物推荐师”，专门向那些工作强度高、购物时间不富余的人群推荐性价比高、品味好的东西。

这背后的逻辑就是城市规模的专业化溢价。在具有一定人口规模的大城市里，随着人们收入的提高，自己完成很多工作的机会成本越来越高。所以，大城市对专业化从业人员的数量需求越来越大，愿意支付的溢价也越来越高。

美国劳工统计局的数据显示，1997—2017年，在有2000万人口的纽约州，专业育儿嫂人数从2.1万上涨到了4万，而人口为

1000万的密歇根州的专业育儿嫂人数仅从1.2万上涨到1.5万。[1]

2019年，在有3000万人口的北京，月嫂的月均工资为12107元，深圳为9753元。这一工资水平是1000万量级城市的2倍左右[2]，500万量级小城市的3.1倍。

为什么“夏宇们”不离开大城市？这是理性的决策——城市人口规模撬动的杠杆，带来的是更多的知识外溢收益，更高的专业化溢价。它们是人类的路标，指引着大城市的胜利。

2019年，人们在渴望更高的GDP增速、更强的财富创造能力的同时，脚步也更靠近大城市，让大城市变得越来越大。

大城市和小城镇的合作博弈：规模溢出效应

一般认知中，大城市的胜利意味着小城镇的失败。但2019年的中国出现了一个新趋势。许多蒙尘的小城镇忽然释放了光芒。

距离深圳市中心250公里的江门市恩平市横陂镇，常住人口4万。直到5年前，在全国农民人均年收入达到9892元的时候，横陂镇农民的人均年收入连全国平均水平的一半都不到，仅4742元，很多农户到春节时的结余不过百元。横陂镇也没有工业企业，但凡可以离开的青壮年，甚至年近花甲的劳动力，都纷纷外出打工，有的村庄的常住人口流失率甚至达到了80%。

1　数据来源：美国劳工统计局（Bureau of Labor Statistics）分职业统计数据（occupational employment statistics），https://www.bls.gov/oes/home.htm。

2　比如，人口量级为1000万的南京和西安，月嫂的平均月薪分别为6504元和5980元。

2019年，横陂镇迎来了自己的高光时刻：全国最大的民营玻璃企业华尔润在这里投资了3条最先进的浮法玻璃生产线，总价值16亿元。另外，近3年来，170多个项目纷至沓来，每个项目平均投资额1亿元。村民们纷纷把土地租赁出去，穿上工作服，忙着在毗邻S276省道的临港新型建材产业园生产线上与机器磨合。

江门市所辖的几十个村镇，和横陂镇有着相似的命运。这些村镇近两年来共计引入了68个亿元级别的明星企业，包括华为、比亚迪、德昌电机、大族激光、创维集团等。企业投资总额超过800亿元，涉及高端装备制造、电子信息、精密模具、新材料、新能源汽车等行业。跟这些钢筋水泥、庞然大物一起到来的，还有直接的产业链就业收入和税收收入，以及间接的住宿、餐饮、物流等一系列配套的创造财富的机会。

2019年，这样的案例并不仅仅出现在中国。美国高科技企业巨头亚马逊，同样也把命运的指针拨向了一个叫“水晶城”的小城镇。

两年前的一个清晨，亚马逊公告的8页“招亲说明书”挑动着北美每一个城市的神经。从2006年算起，亚马逊已经连续11年以超越30%的年均增速持续飞奔，而亚马逊散落在西雅图40多处的办公区域，则显得拥挤而凌乱不堪。亚马逊决心选个城市再建第二总部。亚马逊招亲的“理想型”听上去很普通：要求所在城市圈至少有100万人口；离人口聚集中心约50公里（30

英里左右）内；和国际机场的通勤时间在45分钟内；离主要高速干道约3公里（2英里左右）内；有大型交通工具直达；有稳定且友好的商业环境；能够吸引强大的技术人才。

面对亚马逊这样的“贵婿”，北美各大城市竞相争夺，一共有238个城市递交了竞选申请。除了5万个高薪工作岗位、50亿美元软硬件投资承诺的诱人条件，大家都祈求亚马逊这台“城市繁荣机器”带来更多的福泽。要知道，在此之前的10年间，亚马逊的“老家”西雅图从重建公共交通系统到新修公立学校，城市的各大软硬件设施都鸟枪换炮，直接拉动高达千亿美元的经济。在急切的盼望中，各大城市上演了现实版的“城市战争”，甚至尔虞我诈。有委托加拿大总理亲自致信的，有要求地标性建筑全都点亮亚马逊橙的，还有用6.4米（21英尺）高的仙人掌献礼的。

经过近两年的海选，2019年，亚马逊第二总部最终花落一个不起眼的小城市——弗吉尼亚州阿灵顿县的水晶城（Crystal City）。[1]在亚马逊到来之前，水晶城居住着2.3万人，原本是华盛顿的近郊商务办公中心。但由于联邦预算削减与国防预算削减，水晶城逐渐变成了华盛顿河对岸一个荒废的小城。从2000年开始，美国海军航空系统司令部、专利及商标局、国防部相继从这里撤离，带走了数万工作岗位。水晶城那些修建于20世

1　2018年年底，亚马逊本打算将第二总部分建在纽约长岛和水晶城两个城市。但是纽约州和纽约市政府承诺的30亿美元税收减免和补贴政策遭到了当地政界人士和民众的反对，亚马逊最终放弃了纽约长岛。

纪80年代之前的老办公楼几乎都是空的，有约40万平方米（420万平方英尺）的办公区域闲置。

2019年，这个沉寂许久的小城，一夜之间因为亚马逊的选择而登上了热搜。

为什么在2019年这个节点，横陂镇、水晶城这样的小城镇会成为重量级企业的选择？背后的原因很简单，它们都是大城市规模效应外溢的受益者。

企业考虑选址时，有三个重要因素：成本、劳动力和知识外溢。[1]工业文明以来，当大城市的规模达到一定量级后，城市的地价[2]就跟着上涨，这时工厂大多会往外搬迁。因为在城市中心建生产线、仓储基地，进行平面上的伸展扩张实在是太贵了。比如，作为美国最大的城市，现在的纽约是一个没有制造业工人的城市。它的标签是时尚的第五大道、艺术天堂百老汇和掌握全球金融命脉的华尔街。事实上，纽约曾经是一个制造业大城。在电影《纽约黑帮》里，灰暗的纽约城到处是冒着黑烟的烟囱。20世纪初，白糖加工曾是这个城市的第一大支柱工业，全美60%的白糖都由纽约大大小小的工厂加工。

到了20世纪70年代，纽约迎来了重要的拐点。随着美国进入万元美金社会，服务业分工更细化，人口更向大城市集中，大城市的“价格”也越来越昂贵，房价在10年间翻倍。纽约在这

1 Glenn Ellison,Edward L. Glaeser,William R. Kerr,“What Causes Industry Agglomeration? Evidence from Coagglomeration Patterns”,*American Economic Review,*2010.06.

2 关于城市地价的问题，我们会在第四章详细讨论。

10年间也损失了30万个制造业岗位，降幅达30%。到2010年，因为成本原因，纽约制造业岗位已下降至不足10万个。曾经占全美50%市场份额的Domino糖厂，在2004年永久关上了它在纽约开合了148年的工厂大门。

这时候，生长在大城市周边的小城镇就显出了优势。站在企业的角度，要争取最大的生产效率，必须选择那些拥有充足劳动力的城市。于是，大城市附近具备规模生产能力、产业集聚能力、劳动力充足的小城镇，就成为“大城企业外溢”的首选。在美国，20世纪80年代以来的一个很重要的变化是，大量制造企业的“总部”与“生产基地”分离，很多生产基地迁去了中部，甚至外包到新兴市场国家。

在我们国家，大城与小镇的合作博弈格局当前正在凸显。2016年，深圳房价同比上涨了33%，在岗职工平均工资同比上涨10.7%。面对明显上浮的租金及劳动力成本，很多企业本能地选择了去往能显著降低成本的周边城市。2017年，深圳市政协发布的报告显示，有超过1.5万家企业迁出深圳。扎堆在深圳的LED行业，有1/3的企业迁出。[1]在迁出的企业中，中兴通讯选择了广东省河源市，比亚迪把新能源汽车产业基地放到了广东省汕尾市，华为选择了东莞市下辖的溪流背坡村。这背后都是出于经济因素的考量。

1　数据来源：2017年深圳市政协发布的《深化供给侧结构性改革，壮大深圳实体经济重点调研报告》。报告援引时任深圳市市长许勤2016年7月29日在广州“从都国际论坛”上的讲话：“近期，有超过1.5万家企业迁出深圳。”

和亚马逊类似，企业选择的都是毗邻大城市的小城镇。比如北京的制造业大批外迁河北“腾笼换鸟”，上海的制造业转移到浙江、江苏两省。这一方面能降低成本，另一方面能坐拥大城市带来的人力资本资源。回过头来看亚马逊选择的水晶城，看似一个废弃的小城，却绝不简单。它与华盛顿仅一水之隔，公共交通体系发达，到白宫仅需要20分钟，到里根国家机场只要10分钟。它的身后，有着华盛顿丰富的人才储备——6所知名高校，20多所社区大学。这里的房租仅为纽约的一半，华盛顿的2/3。

2019—2020年是我国大城市规模溢出效应凸显的时期。背后的逻辑是，人们向大城市集聚。大城市规模效应不断强化的同时，发展工业的成本也在不断攀升。2013年是我们国家极其重要的拐点。在这之前，工业主导与服务业主导的城市在GDP增长率和人口增长率方面平分秋色。2013年之后，工业主导的城市增速——无论是人口增长率还是GDP增长率，都被服务业主导的城市远远地超越。当前一大批服务业主导的“火焰之城”在持续吸引人口集聚、推升单位面积经济产出的同时，也使得单位面积发展工业的机会成本大幅增加。这就给了很多小城镇发展工业以及其他非人力资本密集型产业的机会（详见本章附表2B）。

当然，大城市的规模溢出效应不仅仅福泽它周边的小城镇。如果小城镇节省成本的空间足够大，很多其他地区的小城镇也会迎来突围的机会。比如，一个长期被人误解的城市——

鄂尔多斯。2010年，随着煤炭热潮的消退，美国《时代》（*Time*）周刊刊登了一篇题为《中国鄂尔多斯：一个现代鬼城》的摄影报道，此后鄂尔多斯就一直被扣着一顶“鬼城”的帽子。大量空置的楼房，没有人用的博物馆、剧院等设施，让鄂尔多斯一度成为地产盲目发展、城市经济萧条的标志。不过，近两年来，鄂尔多斯已经出现了明显的变化：2019年，常住人口达到207万，网络人口222万。近两年人均可支配收入累计上涨17%。

为什么这个城市又复活了呢？

因为这里能够在很大程度上节约大规模工业化生产的成本。在鄂尔多斯，由煤炭转化而来的电的价格十分便宜。北京的一般工商业用电价（平段）是0.76元/度，在鄂尔多斯仅0.43元/度，部分优势产业还能享受0.3元/度甚至更低的电价。这意味着，如果电力是企业的重要生产要素，那么，把工厂设在这里就能获得极大的成本优势。于是，鄂尔多斯和美国很多发展不错的小城镇一样，依靠便宜的生产资料、土地和劳动力，依靠可规模化的优势，赢得了来自大城市众多产业的青睐。除了煤炭产业链企业，新兴重工、西北电缆、富士康、京东方等制造业企业先后在鄂尔多斯设厂投产。世纪互联、京东、中国联通等企业的云计算业务也纷纷在这里落地。

对于当前技术催生的数字货币行业来说，鄂尔多斯更可谓是天选之地：鄂尔多斯常年平均气温7摄氏度，夏季平均气温

21~24摄氏度。广袤的土地资源、凉爽的风、0.3元一度的优惠电价——对于很多产业来讲这些可能什么都不是，但对于数字货币行业来说，鄂尔多斯却令人心动，因为这些条件是能让鄂尔多斯成为世界比特币挖矿中心的成本优势。

在当下，大城市与小城镇之间并非呈现一种非此即彼的博弈状态，两者正在通过大城市的规模溢出效应，形成一种合作博弈机制。

技术重构：接入大城市规模的小城镇

在人类长长的历史中，技术进步作为底层驱动力量，曾经持续改变了很多城市的命运，也改变着在这些城市生长的人的财富命运。当前最大的技术变革来自移动互联网技术——它是终端技术、通信硬件技术、互联网技术等多项技术进步的结晶，人们用一部智能手机就可以实现个体间，以及个体衣、食、住、行等行为间的交互、互联。

第二次工业革命曾经改变了迪拜人的财富命运，让这个城市从50年来死寂的沙漠小城向“中东曼哈顿”进击，人均GDP从接近于0向4.5万美元迈进。随着第二次工业革命的推进，石油、电气、化工、汽车、航空等新兴工业部门的技术发展快速演进，石油享有了“黑色黄金”的地位，也让迪拜这个满是石油宝藏的城市的禀赋被重新定价。

而站在当下，移动互联网技术使得大城市的规模外溢呈现出另外一个形态：很多点状的小城镇得以接入城市网络，这些小城镇的禀赋优势得以用新的方式，创造更高的财富价值。

我国的“点状小城镇”众多。截至2019年年底，我国约有2859个区县。如果我们做一个量化的测算，把人口总数小于100万，同时经济实力较弱[1]的区县定义为“小城镇”，那么数得出来的小城镇多达 2445个，占总城镇量的85.52%。测算活跃在这些小城镇里的网络人口后，我们惊奇地发现，这些小城镇总共有8亿网络人口。也就是说，我国大部分的区县——大部分人居住的地方，其实都是沉默的“点状的小城镇”。

而就在2019年，这些点状的小城镇中的少部分有了新的生机。让它们重新生长的，正是移动互联网技术进步的产物——平台企业。

在生鲜零售领域，盒马鲜生就是这样一家平台企业。跟PC时代很不一样的是，在移动互联网时代，微观个体每一微秒的需求和行为都可以在虚拟数字世界里形成具体的数字表达，并被记录和传输。盒马鲜生会根据这些记录下来的数据为附近的消费者画像，上架不同类别、不同价位的商品。人们可以在盒马鲜生的线下门店购买到来自全球各地的新奇好物，也可以在盒马鲜生App下单，享受门店周围3公里内半小时送货上门的服务。盒马鲜生左手是零星地散落在全球的供应点，右手则连着

1　我们用夜晚卫星探测的灯光数据作为经济实力代理变量，灯光强度低于一定阈值，表示经济实力较弱。

大城市巨大的消费市场。

2019年盛夏，一个被盒马鲜生平台改变的村庄，是被贫困问题困扰了几十年的甘孜藏族自治州丹巴县八科村。在海拔2000~3000米的川西高山深切河谷旁边，八科村住着80多户人家。在这之前，八科村村民的主要经济来源是在山上种玉米，村民们看天收获，2018年的人均年收入只有5200元。在八科村这个距离省会城市360公里、7小时车程的山沟沟里的几百号人，也是习主席最牵挂的人。

虽然地处偏僻，但上天馈赠给这里一种非常好吃的食物——黄金荚。在大渡河畔，温润的气候和松软的土地滋润着这种独特的物产。它长着黄色的豆荚壳，皮极薄，纤维极少，口感极其细嫩。简单水煮或者做成炖菜就是一场味觉盛宴。

在移动互联网技术进一步成熟的2018年，多家企业巨头都将手伸向了消费频率最高，对平台计算、供应链等技术要求也最高的生鲜商超领域。盒马鲜生就是急速扩张的生鲜商超平台中的一员，光是2018年就计划在北京再开30家店。与迅速扩张的开店计划相伴的，是对琳琅满目的产品供应的急迫需求。这一年，盒马鲜生的买手四处奔波，来到了丹巴县找适宜供应的有机蔬菜。他们原本是来找番茄的，结果在餐桌上偶然遇见了黄金荚。

在盒马鲜生的买手品尝黄金荚的时候，80多户八科村村民正在考虑放弃种植这种作物。因为它是一种矮生作物，采摘极其耗体力。在海拔落差有1000米的山上，根本无法使用机器进行规模化的采摘。而且大多数人都没有听说过、见过这种作物，都不愿买。曾经有村民拉了一车黄金荚到成都叫卖，来往的人行色匆匆，没有人敢尝试这种新鲜玩意儿。结果一车黄金荚全部滞销，最后都倒在了垃圾桶里。

但买手凭借对黄金荚口感的判断，并结合平台已有的消费者数据、历史同品类产品销售情况，提出2019年5月可以初次试种1.3公顷，投放市场尝试销售的策略，并且很快与农户签订了供货协议。在协议签订后至来年供货前的整个时期，盒马鲜生的供应链技术团队、八科村村民、丹巴县农业局就忙活一件事情——搞定黄金荚的运输问题。

这种作物皮薄肉嫩，对运输的要求极高。从采摘时点到供应上架，中间的每一个环节都需要反复测试。技术专家们最终在一次次的实验中，拟定了物流环节需要注意的每一个细节。比如，只能上午11点之前采摘，采摘完必须马上做预冷处理。而且从具体的采收时点，到预冷方案，到冷链设备标准，到中转仓库设置，再到不同区域门店所对应的泡沫箱厚度、泡沫箱密度、冰袋数量、预包装程序等，平台技术人员都进行了反复的测试，并拟定了标准化程序。

2019年盛夏，距离马云2016年在云栖大会上提出新零售概念已经过去了3年。这一年，盒马鲜生平台的线下门店数量也已经突破了150家，一、二线城市的布局都完成了。这一年，北京市居民的人均可支配收入达到62361元，上海达到了68034元。

人们对高品质好物的追求不断提升，很多人对蔬果生鲜必需品品质的追求，远高于对它们价格的敏感度。

2019年7月，八科村的黄金荚顺利地来到了成都盒马鲜生店。在图文广告牌的介绍和推荐下，黄金荚一售而空。平台马上又向八科村下了13公顷扩大种植的订单。2个月后，16个城市的盒马鲜生店上架了来自横断山脉大自然的馈赠。在平台供应链的支持下，黄金荚从八科村出发，经冷链货车运输到双流机场，再飞往浦东机场，然后上架到上海的盒马鲜生门店，最后到达上海消费者的餐桌，这一过程只需要13个小时。

对于八科村村民而言，他们在这个盛夏感受到了技术给他们带来的财富转折。按种植两季、每亩（约0.067公顷）1500斤的收成，每斤3元的收入计算，村民们每年每亩地能增收近万元。在村子里生活了一辈子，还没有迈出过县城的藏族村民德吉2019年56岁，他开荒了5亩（约0.3公顷）土地，2019年两个季度黄金荚的收成，就让他的收入直接增加了近5万元。

当然，八科村的案例并不是特例，还有在湖北仙桃、汉川、蔡甸出现的“盒马村”的逆袭[1]，经济增长速度超过34%，总数超过4300个的“淘宝村”的转变，以及来自国家级贫困县区的500万人在快手上创收的壮举。

平台企业出现之前，在八科村这样的小村庄里，特色农作

1　在湖北这几个贫困小村庄，2019年有1600余名“50后”村民通过平台企业的链接，供应藕带给大城市的人们，人均增收5万余元。

物产量极低，只能供应本地市场。在这种情况下，只有人们聚集得足够多，形成规模足够大的市场，做到信息的极度对称，这些特殊农作物才能带来财富机会。

但是随着平台企业的出现，这些十八线小村庄也被平台接入到了城市的网络中。通过平台，各个地区的人们能够跨越空间实现实时互动，精准地知道双方的需求。比如，平台企业能够根据南北方消费者的饮食差异数据，从八科村那里订购不同长短、不同成熟度的黄金荚到各地的货架上。

移动互联网技术，正把无数个“八科村”接入城市网中，让他们直面大城市的市场，享受大城市规模溢出效应带来的财富机遇。

附表1A “火焰之城”

（单位：万）

区域	城市	网络人口	常住人口	户籍人口
区域核心	北京	3387	2171	1359
	成都	2684	1605	1435
	郑州	1801	988	776
	武汉	1687	1089	854
	长沙	1464	792	709
	青岛	1157	929	791
	沈阳	1157	829	737
	合肥	1124	797	743
	济南	1010	732	644
	南昌	797	546	525
	贵阳	755	480	412
	太原	669	438	370
	兰州	614	373	326
	海口	388	227	171
	银川	344	223	189

续表

区域	城市	网络人口	常住人口	户籍人口
东南沿海	广州	3404	1450	898
	深圳	3227	1253	435
	东莞	1777	834	211
	佛山	1285	766	420
	泉州	1013	865	742
	惠州	757	478	369
	厦门	724	401	230
	中山	695	326	170
	珠海	346	177	119
长三角及附属	上海	3055	2418	1446
	苏州	1890	1068	691
	杭州	1889	947	754
	南京	1356	834	681
	宁波	1090	801	597
	温州	1085	922	825
	无锡	863	655	493
	金华	797	556	481
	台州	671	612	604
	嘉兴	625	466	356
	常州	601	472	379

附表1B “海水之城”

（单位：万）

区域	城市	网络人口	常住人口	户籍人口
华北	天津	1402	1557	1050
	石家庄	1079	1088	1038
	唐山	696	790	760
	邯郸	645	951	1055
	沧州	590	755	778
	邢台	496	735	790
	张家口	342	443	466
	衡水	317	446	454
苏北	盐城	501	724	826
	宿迁	337	491	591
	徐州	710	876	1039
	连云港	349	452	533
	淮安	333	491	561
鲁南	潍坊	756	936	908
	临沂	741	1056	1141
	济宁	539	838	856
	菏泽	485	874	1415
	泰安	336	565	569
华中	南阳	581	1005	1194
	周口	457	876	1156
	邵阳	337	738	826
	黄冈	295	634	740
	衡阳	382	721	799

续表

区域	城市	网络人口	常住人口	户籍人口
华中	永州	252	548	642
	信阳	375	645	881
	商丘	465	730	921
	襄阳	310	565	594
	孝感	238	492	519
西部	渭南	337	538	557
	汉中	188	345	382
	天水	178	334	371
	定西	132	281	303
	宝鸡	240	378	384
	商洛	101	238	253
	赤峰	295	432	463
	陇南	130	262	287

附表2A　大城市的产业机会

细分行业	一线城市	二线热点城市	二线一般城市
金融	北京、广州、上海、深圳	长沙、成都、东莞、杭州、南京、苏州、武汉、西安、郑州、重庆	佛山、福州、哈尔滨、合肥、昆明、青岛、厦门
IT 服务	北京、广州、上海、深圳	长沙、成都、杭州、南京	福州、合肥、昆明、沈阳、石家庄、无锡
半导体	北京、上海、深圳	长沙、杭州、苏州、天津、武汉、西安	常熟、佛山、宁波、青岛、无锡、厦门、珠海
电子设备	北京、广州、上海、深圳	长沙、成都、东莞、杭州、南京、苏州、武汉、郑州	佛山、福州、宁波、石家庄、无锡
计算机软件	北京、广州、上海、深圳	长沙、成都、杭州、南京、苏州、郑州	福州、哈尔滨、合肥、济南
计算机硬件	上海、深圳	成都、杭州、南京、苏州、天津、重庆	福州、济南、昆山、宁波、石家庄

附表2B　小城镇的产业机会

细分行业	三线城市	四线及以下城市
耐用消费品与服装	惠州、济宁、嘉兴、江阴、金华、晋江、兰州、临海、南通、南阳、泉州、绍兴、台州、泰州、乌鲁木齐、义乌、镇江、中山、珠海、淄博	滨州、沧州、郴州、东阳、高密、海宁、湖州、江门、江山、晋江、丽水、连云港、临海、龙岩、绵阳、宁国、普宁、如皋、汕头、宿迁、桐乡、温岭、宜兴、银川、永安、永康、漳州、张家港、舟山、诸城、诸暨、安庆、潮州、滁州、鄂州、淮北、乐山、灵武、遂宁、宜宾、衢州、包头、澄迈、黄石、伊春
能源	长春、海口、兰州、南通、太原、唐山、乌鲁木齐	烟台、义马、大同、德州、韩城、淮南、克拉玛依、临汾、马鞍山、平顶山、曲靖、寿光、泰安、邢台、宜兴、张家港、诸暨、邹城、长治、赤峰、淮北、介休、晋城、晋中、六盘水、盘锦、萍乡、七台河、阳泉、白银、霍林郭勒

续表

细分行业	三线城市	四线及以下城市
汽车与汽车零部件	保定、常州、长春、贵阳、海口、惠州、江阴、金华、兰州、南昌、南通、南阳、绍兴、台州、泰州、徐州、扬州、义乌、岳阳、镇江	滨州、达州、丹东、福清、桂林、衡阳、湖州、靖江、乐陵、聊城、龙口、孟州、绵阳、牡丹江、台山、威海、温岭、芜湖、许昌、张家港、招远、诸暨、涿州、溧阳、阜新、焦作、荆州、内江、宣城、肇庆、襄阳
医疗保健设备与服务	常州、长春、贵阳、海口、呼和浩特、济宁、江阴、金华、兰州、临沂、洛阳、南昌、南通、泉州、绍兴、台州、太原、潍坊、乌鲁木齐	徐州、烟台、扬州、岳阳、珠海、淄博、大同、东阳、桂林、海宁、菏泽、衡阳、湖州、虎林、淮南、江门、兰溪、连云港、聊城、临海、梅州、平湖、普宁、汕头、台山、芜湖、西宁、新乡、信阳、宜春、运城、漳州、张家港、株洲、嵊州、浏阳、安顺、北海、长治、潮州、大理、抚州、集安、荆州、景德镇、南平、宁德、通化、梧州、武穴、咸阳、宣城、延安、益阳、周口、包头、敦化、拉萨、林芝、黔南布依族苗族自治州、潜江、山南、商洛、乌兰察布
食品、饮料与烟草	常州、长春、海口、邯郸、呼和浩特、金华、兰州、南昌、南阳、泉州、绍兴、乌鲁木齐	徐州、烟台、义乌、岳阳、湛江、镇江、中山、珠海、滨州、常德、汾阳、福清、阜阳、桂林、湖州、淮安、莱阳、龙口、绵阳、蓬莱、普宁、荣成、三河、汕头、商丘、宿迁、西宁、新郑、信阳、余姚、禹城、玉林、漳州、招远、株洲、诸城、浏阳、承德、鄂州、衡水、怀化、淮北、吉首、酒泉、莱州、六安、陇南、眉山、南平、仁怀、遂宁、天水、通化、武威、项城、宜宾、宜昌、益阳、云浮、肇庆、亳州、泸州、阿拉尔、包头、海东、库尔勒、拉萨、石河子、双河、铁门关、五家渠、伊犁、漯河

续表

细分行业	三线城市	四线及以下城市
材料	保定、常州、长春、慈溪、鄂尔多斯、赣州、贵阳、海口、惠州、吉林、济宁、嘉兴、江阴、金华、兰州、临沂、洛阳、南昌、南通、泉州、绍兴、寿光、台州、太原、唐山、潍坊、乌鲁木齐、徐州、烟台、盐城、扬州、义乌、岳阳、湛江、镇江、中山、珠海、淄博	鞍山、安阳、蚌埠、滨州、沧州、昌邑、长葛、巢湖、郴州、大庆、丹阳、德州、东阳、东营、恩平、巩义、贵溪、海宁、湖州、淮安、建德、江门、乐平、丽水、连云港、聊城、临海、柳州、龙口、龙岩、马鞍山、茂名、梅州、绵阳、牡丹江、南安、宁国、平顶山、平湖、曲靖、荣成、如皋、瑞安、三亚、沙河、汕头、上饶、宿迁、太仓、桐乡、铜陵、威海、芜湖、武安、西宁、湘潭、新乡、新沂、新余、兴平、宜兴、银川、应城、永城、永康、运城、枣庄、张家港、张家口、株洲、诸暨、遵义、安顺、宝鸡、北海、本溪、潮州、赤峰、滁州、德阳、抚顺、和田、葫芦岛、黄山、嘉峪关、江油、焦作、揭阳、荆门、荆州、景德镇、乐山、辽阳、辽源、凌源、南平、宁德、攀枝花、莆田、三明、韶关、什邡、遂宁、武威、宣城、阳泉、宜宾、宜昌、永州、玉溪、自贡、衢州、泸州、濮阳、阿克苏、阿拉善、白银、包头、保山、昌江黎、格尔木、河池、黄石、济源、拉萨、临沧、普洱、黔南布依族苗族自治州、石河子、石嘴山、乌海、锡林郭勒、襄阳、忻州、雅安、漯河

第四章

遇见房产拐角

劳动是财富之父，土地是财富之母。

——威廉·配第[1]

人类对土地的迷恋从来就没有停止过。从村庄走向城市之后，人类的土地之恋就变成了房产之恋。截至2017年，全球的股票、债券、黄金、房地产等资产加起来大概是340万亿美元，仅房地产一项就有168万亿美元，占全球总资产的近一半。

即使农业社会过去了这么多年，和土地相连的房产仍然是个人财富的最主要来源。房价的涨跌，就是一个地区命运的缩影，也和老百姓的财富息息相关。

不同的城市，相似的命运

2019年6月盛夏，走在东北边陲小城鹤岗的街上却让人觉得分外冷。公告栏、电线杆、居民住宅窗户上，卖房广告随处可见，价格从300元/平方米到3000元/平方米不等。

这个曾经出现在中学课本上的“煤都”以一种苦涩的形式重新进入了人们的视野。2019年4月，网上盛传，鹤岗一套46平方米

1 威廉·配第（William Petty），英国古典政治经济学创始人。

的房子总价是16000元，相当于300多元/平方米。16000元，只够买一块浪琴手表、一款古驰的普通包、一条爱马仕的皮带。要是和房子联系到一起，这样的价格真的可以算是“白菜价”。即使是鹤岗市中心繁华地段精装修的房子，也仅标价两三千元一平方米。

下跌的房价，像一面镜子，映射出城市的萧条。

鹤岗属于资源型城市，曾是黑龙江省“四大煤城”之一。以前煤炭产业兴盛时，鹤岗发展得很不错。但随着煤炭资源枯竭，产业结构单一的鹤岗遇到了发展瓶颈。2012—2018年，鹤岗的GDP下降了21%，财政收入每年以两位数的速度下降。随之而来的，是严重的人口流失问题。1998年，鹤岗的常住人口为110万，到2018年，尽管统计局显示的常住人口数据仍然是110万，但根据我们移动设备的测算，网络人口数量已经不足80万，20年间人口流失了约27%。

人走了，购买力也走了，整个城市处在收缩的趋势中。

鹤岗不是孤例。2013年，曾经的美国汽车之城，位于五大湖区的底特律，惊现“1美元，买走一套房”的广告。广告中的1美元，丝毫没有夸张，底特律确实有很多荒草丛生的独幢别墅标价1美元出售。

是卖主疯了吗？当然不是。因为当时底特律的房价一路下跌，而持有底特律房产的人，每年都需要缴纳1.78%的房产税。而且，修葺别墅也是一笔不小的开销。也就是说，高昂的持有成本让这些房子的实际价值为负。

低迷的房价背后，仍然是整个城市的困境。

二十世纪六七十年代，随着德国、日本汽车制造业的飞速发展，底特律的福特、克莱斯勒等汽车公司的竞争力日益下降。再加上1967年的底特律骚乱[1]，居民不断成批地搬走，人口从1950年的185万下降到现在的70万。如今，底特律的暴力犯罪率是全美国最高的，近8万座建筑被遗弃或者严重摧残，全市40%的路灯不工作，公共服务接近崩溃，失业率曾一度达到18%以上，是美国平均水平的2倍。2012年，底特律被《福布斯》（*Forbes*）杂志评为美国最悲惨的城市。2013年，底特律市政府因负债185亿美元而宣布破产，底特律成为美国历史上最大的破产城市。

2017年冬天，我因为开会经停底特律，在那里匆匆待了一天。冬季寒冷灰暗的天空，破旧失修的城区，街上人流也少，大多是暮年的老人。我当时感觉很压抑，居然想起了《蝙蝠侠：黑暗骑士》中的哥谭市。要知道，仅仅70年前，这个城市还风光无限，贵为美国的第四大城市、世界汽车之都。

三十年河东，三十年河西。不免唏嘘。

1　1967年7月23日早上，警方扫荡一间位于底特律第十二街和克莱尔蒙特街交界的无牌照酒吧，酒吧的支持者及旁观市民与警方发生冲突，并进一步演变成美国历史上死亡人数最多的暴动事件之一。骚乱后相对富裕的白人居民纷纷迁离，底特律的消费大受影响，服务业遭受沉重打击。富人迁走也导致地方政府税收减少，政府投放在市政服务和建设上的资金减少，当地居住环境和经济再走下坡路。城市衰败导致治安恶化，更多相对富裕的居民迁走，形成恶性循环。

两个国家，两座城市，在不同时间隧道里的经历，多少有点类似，都是城市增长停滞，房价雪崩式下滑，居民财富大幅缩水。

难怪伟大的英国古典政治经济学家威廉·配第说："劳动是财富之父，土地是财富之母。"

房地产：增长与财富

从发达国家的历史经验来看，伴随国家的经济增长，房地产都出色地完成了分享增长红利、抵抗通货膨胀的任务。在主要的发达经济体中，房价增长最快的是日本和法国，从1946年到2012年的60多年间始终保持着平均10%左右的房价增速，比各自GDP增速和通货膨胀率的总和还要高出2~3个百分点。一个法国人1946年在塞纳河畔花1000法郎买的房子，现在已经值100万法郎了。房价增长最慢的国家是美国和德国，增速都接近4%。[1]美国的房价增速略高于通货膨胀率，而德国的房价增速略高于GDP增速（如图4-1所示）。

1 虽然美国和德国的房价增速相近，但房价增长背后的原因却完全不一样。美国的资产价格经常大起大落，房价也是在经历了次贷危机前后的过山车式涨跌之后，最终维持在4%的。德国政府非常注意防范金融风险，资产价格始终保持着相对稳定的低速增长。德国的物价增速也只有2.7%左右，是所有发达经济体中最低的。

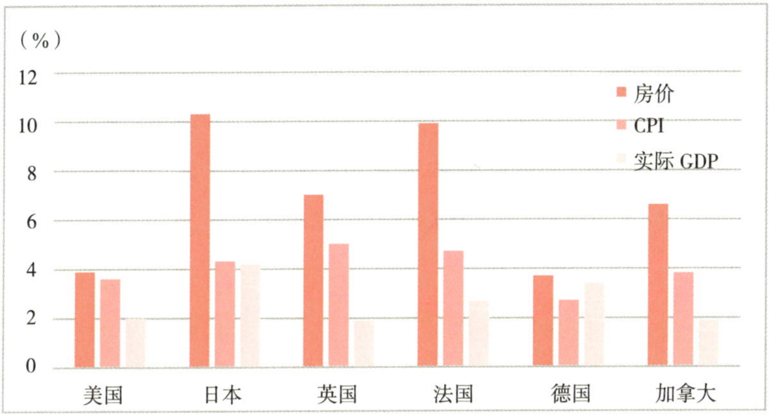

图4-1　二战后（1946—2012年）发达国家房价的平均增速[1]

从全球范围来看，房地产在居民总财富中所占的比重较大，在49%左右。就发达国家的数据来看，房地产在居民总财富中的占比要比发展中国家低一些。美国房地产占总资产的比例约为26%，英国的这一数字是35%，德国是42%，意大利是50%，西班牙是60%。[2]而众多增长较快的发展中国家，房地产在总资产中的占比要高很多，比如，印度是77%，中国是54%。

中国不一样？

虽然房价增长和房地产成为居民财富的重要组成部分在全

1　数据来源：Katharina Knoll et al.,"No Price Like Home: Global House Prices,1870—2012",*American Economic Review*,2017.02.

2　数据来源：James B. Davies et al,"The Level and Distribution of Global Household Wealth",*The Economic Journal*,2009.11.

世界都不是特殊现象，但中国的房价似乎增长得太快，在总资产中的比例过高。

根据中国人民银行货币政策司司长孙国峰的计算，2014年房地产占中国家庭财富的比例为54%，是家庭财富的半壁江山。[1]除房地产之外，中国人的另一部分财富主要是银行储蓄和理财，占到了总财富的30%。这意味着除了房地产和在银行的资产之外，中国居民的股票、债券、基金和保险等资产少得可怜，加起来才占总财富的百分之十几。

对比之下，美国居民的财富构成则更加多元。虽然房地产也是比重最大的资产，但是只占到了总资产的20%左右，和保险、股票等平分秋色。另外，储蓄、理财、投资基金和债券所占比例也相当大（如图4-2所示）。

中国为什么不一样？是有什么特殊性吗？

要弄清楚这个问题，首先我们需要明白房子的价值来自哪里。是来自砖瓦、钢筋水泥、豪华装饰吗？当然不是。房产的正式称呼是“房地产”，房子的价格反映的是房子所在土地的价值。而土地的价值来自这片土地上经济的增长潜力，即大家对这片土地未来可以创造多少财富的预期。

---

1 从其他途径得出的数字甚至更高一些。我们前面提到的，根据吉姆·戴维斯（James Davies）的测算，中国房地产占总资产的62%。西南财经大学和广发银行通过调查得出的比例高达80%。

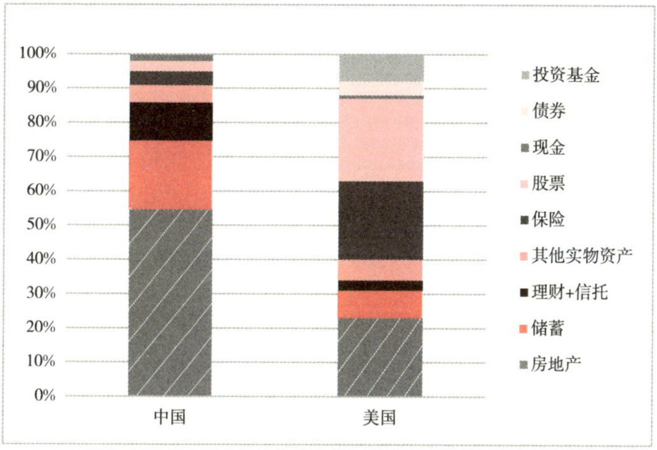

图4-2　2014年中美家庭财富分解[1]

从这个意义上说，一个国家、一个地区、一个城市的“房地产”就是这个国家、地区和城市的“股票”。买房买的是它的增长。所以，房地产的长期价值，由国家、地区和城市的增长水平决定。

自1978年以来，中国发生了一些史无前例的变化。

一是中国出现了持续几十年的高速经济发展，1978—2018年经济总量增长了13.5万亿美元。直到2019年，作为全球第二大经济体的中国，依然保持着每年超过6%的经济增速。

二是中国开始了大规模的城市化建设，2亿多人从农村迁到

1　数据来源：中国的数据来自中国人民银行孙国峰的计算，美国的数据来自美联储美国居民总资产分解表。

城市。此外还有数亿人在城市间流动，或者等待迁往城市。

这些数字都是地球上从来没有出现过的，这样的基本面数据应该支持多高的房价？说实话，可以预测，但是不能断言。历史和未来都没有常形，我们唯一能做的是保持谦卑。

此外，横向对比来看，同样作为快速增长的经济体，中国的房价增速其实比印度低不少（如图4-3所示）。中国房价的飞涨是在2000年以后，从2000年到2019年，中国的房价大约上涨了2倍，而印度的房价则涨了4倍多。[1]印度孟买的房价已经达到了约6800美元/平方米，超过了马德里、巴塞罗那、佛罗伦萨、圣迭戈等发达城市。

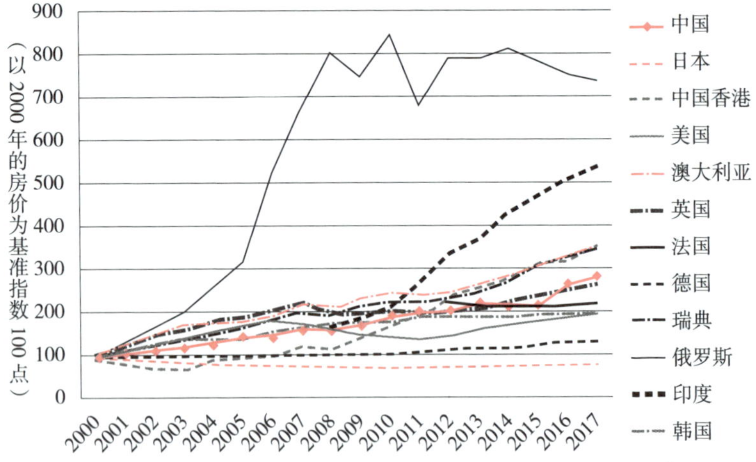

图4-3　2000—2017年世界主要国家和地区的房价增长情况[2]

1　数据来源：BIS（Bank for International Settlements，国际清算银行）。

2　数据来源：BIS。

以上面的讨论为逻辑基点，就不难理解这10多年中国房价的超常表现。

以我国统计局公布的数据为依据：从2005年到现在，北京、上海这些一线城市，房价大概增长了2倍；南京、扬州等二线城市，房价也大概增长了1倍。如果要计算房子投资收益，还要加上房租，因为这相当于房子这只股票的分红。此外，城市核心区域的房价涨幅还要远远高于这个数字。比如，2005年建成的、位于北京金融街的丰侨公寓，开盘均价为1.5万元/平方米，到了2019年，这里的二手房价格已经达到了19万元/平方米左右，房价在14年里涨了近12倍。

如果同样的钱在银行存定期，从2005年到现在，资金只增值38%，而同期物价却上涨了40%。这相当于存银行的这笔资金的购买力还降低了。如果出于流动性考虑，在银行存活期，这10多年下来，就只有6%的理财收益，相当于将资金的时间价值全部送给了银行。

2000年以来的近20年，可以说是中国房地产的黄金年代，几乎所有城市的房价都在上涨。随便买一套房子，就可以战胜几乎所有的理财产品。而这反映的正是中国过去20年超高的经济增长速度，从1998年到2018年，中国年均GDP增速超过9%。对于像中国这样的巨型经济体来说，这么多年始终保持如此高的经济增速是难以想象的。

另外，中国的高房价和我国信用市场的特殊性也存在一定的关系。在现代经济中，财富和信用紧密相连。作为历史上最早熟的中央集权帝国，中国一直以来都是国家信用强大，民间信用薄弱。这也是自1998年开始，政府能将土地作为类似股权融资的工具，为城市建设提供源源不断动力的原因。2017年，土地收入占地方政府财政总收入的近一半，超过税收成为地方政府最主要的收入来源。

作为土地价值的载体，我国的房地产市场拥有的是“王的信用”，具有强大的资金筹集能力。相比之下，股票、债券等市场缺乏强大的各级政府的信用背书，信用相对薄弱，吸纳资金的能力就要差很多。[1]

土地和房子，在中国过去20年的历史中，犹如满地的果实，随手拾取，从“50后”到“80后”的中国百姓，或多或少都尝到了这20年的房产财富之果。

我忍不住想起了著名小说《飘》里斯嘉丽的爸爸和她的一段对话。老杰拉尔德指着塔拉庄园，语重心长地对斯嘉丽说：

“这个世界上，只有土地与日月同在。土地是世上唯一值得你为它奉献，为它奋斗、牺牲的事物，因为它是唯一永存的东西。”

1 关于这一段的论述，在得到App“香帅的北大金融学课”中的“笨蛋，一切都是货币”一节有详细讨论。

2019—2020年：这次不一样？

但是，房地产这个词在2019年却显得格外冷。

实际上，中国这一轮对房地产市场的调控从2016年下半年就已经开始了。政府采取了各种政策限制房屋买卖，包括限购、限贷、限价、限售、限商。[1]2017年4月，央行开始实施金融去杠杆，收紧货币政策，尤其收紧对房产行业的信贷。

2019年，货币政策虽然转向宽松，但是房地产调控并未放松。政府依然从各个维度限制房地产市场，包括房贷利率的“换锚”[2]、房地产信托的监管升级、房企海外发债的限制增加等。2019年前8个月，全国出台房地产调控政策多达367次，刷新了房地产调控纪录。

随着地产调控政策的加码，房价疯狂上涨的势头被遏制了。自2016年10月收紧房产信贷政策以来，一线城市的房价受到的影响最大，在之后的3年里一共只上涨了2%，而二线和三线城市的房价分别上涨了14%和24%。几个一线城市都出现了城市核心区房屋价格下跌或者有价无市的情况。上海浦东陆家嘴世茂滨江花园近20套豪宅被抛售，且“严重低于市价”。深圳市南山区深圳湾翡翠海岸一套89平方米的房子从1650万元的高位下跌270万元成交。在北京，价格超过千万的房子几乎没有流

1　限购，是限制购房资格和买房数量；限贷，是对首套房和二套房的贷款比例进行限制；限价，是直接限制新房的开盘价；限售，是限制商品房的出售，比如房屋购买5年后才能转手；限商，是限制商业楼、办公楼改装成公寓出租或者出售。

2　2019年10月起，房贷的利率由参考基准利率变为参考贷款市场报价利率（LPR）。

动性。

不仅房价的增速在下降，商品房成交量也进入低增长甚至负增长时代。10余年前动辄两位数甚至三位数的增长势头难以再现。从2016年下半年到2019年，我国商品房成交量的数据是冰冷的——大部分时间里的商品房成交量都在下降，只有在2019年以后，下跌的势头才有所止步。中国40个大中城市的商品房成交面积，在2010年到2016年的7年间增长了近1倍（从1.5亿平方米增长到2.7亿平方米），而到了2017年和2018年，又分别降到1.8亿平方米和1.7亿平方米（如图4-4所示）。2019年前10个月，成交面积也只有1.4亿平方米。从2017年到2019年的这3年时间，可以说是中国房地产的寒冬期。

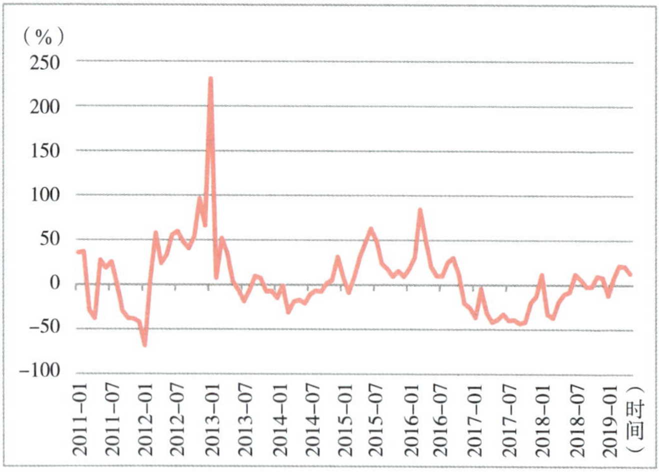

图4-4 2011—2019年40个大中城市商品房成交面积同比情况[1]

1 数据来源：Wind数据库。

房地产企业在2006年到2015年经历了“黄金10年”，这10年中有5年房地产股票相对大盘的超额收益率超过了20%。但是从2016年到2019年，房地产股票却连续4年跑输大盘（如图4-5所示）。

图4-5　房地产股票相对大盘的超额收益统计[1]

这些数字难免让人触目惊心。当一个家庭50%以上的财富价值有巨大的不确定性时，整个家庭的财富状况也会处于不稳定的状态。更何况，还有人等着上车，有人等着下车。房价的变动几乎是所有中国家庭的财富痛点。

一个最需要回答的问题是，近几年房地产的颓势是不是意

1　数据来源：Wind数据库，2019年的数据截至2019年10月11日。

味着中国房地产从此走入下行通道？

我们对这个问题的回答是，Yes and no（是，也不是）。

第一，我们需要区分房地产价值和房地产价格这两个重要概念：房地产财富的内在价值取决于中国的长期增长趋势，而房地产财富的价格波动则会受到宏观经济政策的影响。

从2016年到2018年，一、二、三线城市[1]的GDP年均增速分别是8.7%、8.1%和7%——城市规模越大，经济增速越快。但同期的房价涨幅却呈现出完全不同的景象。2016年10月房地产调控加码以来，一线城市房价涨幅最低（2%），三线城市房价涨幅最高（24%）。

一线城市的房价涨幅比三线城市低那么多，显然不符合房产价值的变化规律。换言之，调控政策只会带来中短期的房地产价格波动，而不会改变中国房地产的基本面。房地产的实际价值，仍然取决于经济增速、城市化水平和通货膨胀情况。如果对中国未来经济的增长保持乐观，就基本可以对中国未来的房价保持乐观。

第二，我们需要区分“房价增长的长期趋势”和“房价增长的模式”这两个概念。虽然中国房价增长的长期趋势不会改变，但是增长的模式却在发生结构性的改变。

1 依据Wind数据库的标准划分城市的规模。一线城市：北京、上海、广州、深圳。二线城市：天津、重庆、杭州、南京、武汉、沈阳、成都、西安、大连、青岛、宁波、苏州、长沙、济南、厦门、长春、哈尔滨、太原、郑州、合肥、南昌、福州。三线城市：百城中除一线城市、二线城市之外的其他74个城市。

以史为鉴，可以知兴替。

从发达国家的历史发展轨迹来看，当人均GDP到达1万美元时，往往伴随快速城市化的结束。当然，也伴随着房价整体快速上涨的结束。

2019—2020年是中国万元美金社会的开端，也是新的城市化模式的开端。根据我们的测算[1]，大约有10亿人居住或者工作在城市，大规模农村人口进城的步伐已经渐渐接近尾声，城市化正在从1.0时代向2.0时代过渡。正如第三章所说，在这样的关口，人口的流动方向由从农村到城市变成了从小城市到大城市。

中国人口流动趋势的变化，直接映射了楼市的分化。城市的房价正从普涨时代，逐渐进入分化时代。

严格地说，房价的分化其实从2013年就已经开始了，大城市房价增速逐渐甩开小城市。表4–1列出了从2012—2018年深圳和潍坊这两个城市房价的差距。在7年的时间里，潍坊房价的涨幅只有深圳的1/5。

1　我们利用中国社交网络的数据，在栅格层面（根据经纬度划分区域），用人口密度和基础设施可及度重新定义了城市，重新计算了中国的城市化率。具体的测算过程，可以参考我们即将公开发表的论文《中国城市化率到底有多高？——基于栅格数据的城市化率再测算》。

表4-1 2012—2018年深圳和潍坊房价对比

	深圳房价	潍坊房价
2012 年	19298 元 / 平方米	4947 元 / 平方米
2018 年	53205 元 / 平方米	6736 元 / 平方米
涨幅	175.7%	36.2%

这不是特例。现在中国的房市就是一面是海水，一面是火焰的局面。在北上广深和一些核心二线城市，房价依然坚挺，而鹤岗、乳山的房子则以“白菜价”甩卖（如图4-6所示）。

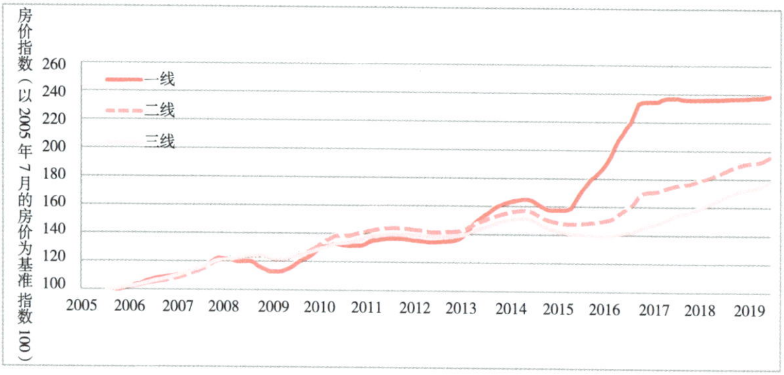

图4-6 2005—2019年我国城市房价分化情况[1]

可见的未来是，中国的人口集中度仍然会继续上升，房价的分化程度也会不断加剧。我们即将告别那个“闭眼买房，躺着赚钱”的年代，只有买到真正有价值的房子，才能保证投资的

1 数据来源：Wind数据库。

回报。

中国的房产财富，从人人都可以摘到的低垂之果，变成了高垂之果。

戈登模型：替房地产定价

从2020年开始，房产不再是地面随手可拾的果实，而更需要“选择”。对我们普通人来说，要让财富增值保值，对房产投资的选择变得极为重要。

那么，如何才能选出真正具有投资价值的房子呢？在回答这个问题之前，我们不妨先将目光投向历史深处。

19世纪初，英国纺织业快速发展，对棉花的需求量大增。资本家们把目光投向了美国广阔的农田。从1815年到1818年，英国从美国进口的棉花数量暴增78%，美国盛产棉花的亚拉巴马州的土地价格也随之空前上涨：1817年，亚拉巴马州一块1英亩（约4047平方米）农田的价格为35美元；1818年，相同面积的农田价格涨到了134美元，涨幅高达283%。

这样的价格是怎么定出来的呢？

站在农场主的角度，定价的逻辑非常简单——土地棉花的产量和棉花的价格将决定每块土地能创造的价值。而土地能创造的价值，就是决定农田价格的核心。

1818年，棉花的价格涨到了每磅30美分，生产棉花的成本（主要包括使用奴隶的成本和运输成本）约每磅15美分，这意味着每磅棉花的净利润是15美分，按照当年亚拉巴马州棉花每英亩产800磅算，1英亩农田的净收入可以达到12000美分（15×800），即120美元。

假设一个农场主1818年买了1英亩土地，从1819年开始计算收益，按照它每年能产生120美元的净收入和5%的贴现率计算，第一年的收益贴现到今天的话是114美元，第二年的收益贴现到今天是109美元，第三年的收益贴现到今天是104美元……依此类推。[1]未来所有年限的收益贴现加在一起，这片土地能产生的价值是2400美元。[2]即使考虑以后棉花价格可能下跌，按照利润每年跌4成来算，未来这片土地上还能产生160美元的价值。[3]

如果1818年农场主以134美元买下1英亩土地，按照相对保守的估计，这片地未来能给他带来160美元的收益，他能赚到26美元的差价。因此，我们站在1818年土地买家的视角来看，134美元的土地价格是可以接受的。

但是聪明的读者应该已经注意到了这个估算是有前提的——每年的利润下跌不能超过4成。换句话说，这种估算必须

1 第一年的收益贴现=$\frac{120}{1+5\%}$=114美元，第二年的收益贴现=$\frac{120}{(1+5\%)^2}$=109美元，第三年的收益贴现=$\frac{120}{(1+5\%)^3}$=104美元，依此类推。

2 计算公式为：$\frac{120}{1.05}+\frac{120}{1.05^2}+\frac{120}{1.05^3}\cdots=\frac{120}{1.05}\times\frac{1}{1-\frac{1}{1.05}}$=2400美元。

3 计算公式为：$\frac{120\times0.6}{1.05}+\frac{120\times0.6^2}{1.05^2}+\frac{120\times0.6^3}{1.05^3}\cdots=\frac{120\times0.6}{1.05}\times\frac{1}{1-\frac{0.6}{1.05}}$=160美元。

保证棉花价格不出现断崖式下跌。

但实际情况是，由于棉花价格大涨，随后两年美国其他地方的棉花供应量大增。于是棉花价格从每磅30美分下降到16美分，亚拉巴马州的土地利润也相应下降到每英亩8美元，下降幅度超过90%。随后，棉花价格继续下降，到1820年，土地价格随之暴跌至每英亩5美元，亚拉巴马州的土地购买者们纷纷破产，共欠下了联邦政府——亚拉巴马州的土地所有者2100万美元。

这个故事告诉我们一个底层逻辑：当前土地的价格取决于未来这片土地上能创造的所有现金流的现值。将故事里的农业用地换成住宅用地，我们就可以说现在房子的均衡价格应该等于未来房租的总和。

实际上，如果我们将农田、房子、股票都当成“资产”来看待，就会发现大道至简、大道相通。一个资产的价格就应该等于它未来创造的现金之和的现值。美国城市经济学宗师格雷泽借鉴了金融学里著名的戈登模型，给房地产定价。[1]

这个模型不复杂，就是未来每一年的房租贴现到今天的现值的总和，公式表达如下：

$$V=\frac{D_1}{1+r}+\frac{D_1(1+g)}{(1+r)^2}+\frac{D_1(1+g)^2}{(1+r)^3}+\cdots+\frac{D_1(1+g)^t}{(1+r)^{t+1}}=\frac{D_1}{r-g}$$

1　1959年，多伦多大学的经济学家戈登（Gordon）提出了估算公司股票价格的戈登股利增长模型（Gordon dividend growth model），原理就是把将来预期派发的一系列股息按利率贴现成现值，这些股息的净现值的总和即为该股票的合理价值。

在这个公式中，V是房地产的价值，D_1是下一年的租金，r是贴现率，g是租金的增速。

聪明的读者一定已经发现，估算房产价值时，最重要的就是关于未来租金增速g的判断。租金增速g的任何微小改变，都会给房产估值带来巨大影响。

戈登公式解答了中国房地产市场上的很多谜题。

诺奖得主错在哪里?

2013年诺贝尔经济学奖得主罗伯特·希勒（Robert Shiller）就曾用“房价收入比”指出中国房价有泡沫：“美国加利福尼亚州房价与收入之比为8~10，而在中国的深圳、上海等大城市，房价收入比达到36，这令人担忧。”

但让诺奖得主看不懂的是，在他的这番言论之后，他认为存在的泡沫不仅没有破，北京、上海、深圳的房价反而又增长了不止1倍。房价收入比也从之前的30多，涨到了40多（如图4-7所示）。

其实，秘密都隐藏在租金增速g中。中国大城市的房价收入比之所以远远高于其他国家，是因为这些大城市未来的收入增速要高于其他国家。在未来一段时间内，中国经济增速预期还将保持在5%以上，而世界其他发达经济体都在1%~3%。再看一下前面的戈登公式，我们不能简单地将房价和收入做比较，而是应该结合收入增速一起考虑。因此，希勒提出的房价收入比，错就错在了静态地看待房价。

正因为房价是动态变化的，是未来一系列事件的加总，所以给房地产估值，核心就是对这个充满未知与魔力的租金增速*g*做出估计。

找能增值的房产，其实就是找未来一段时间*g*上升最快的房产。

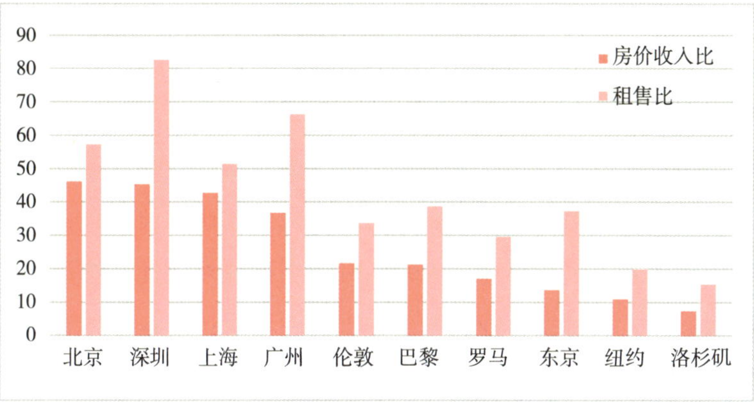

图4-7　主要城市的房价收入比和租售比[1]

寻找2020年房产的*g*

2020年，那些令人目眩的*g*在哪里呢？

人类在用脚步丈量土地价值。在给定的约束条件下，人类的自然选择是找一处让自己最"舒适"的地方定居。但在不同

1　数据来源：Numbeo数据库。

的收入阶段，人们对“舒适”的定义不同，这会改变人们的位置偏好，从而改变数以亿万计的房地产财富市场。

在经典著作《工业化和经济增长的比较研究》中，哈佛大学教授霍利斯·钱纳里将人类社会经济的发展阶段和人类不同层次的需求联系了起来：

当一个社会的人均GDP超过1.1万美元时，经济体进入后工业化阶段：中产阶层物质需求基本满足，开始追求自我实现和自我发展，由生存性消费（如衣食住行）转向发展性消费（如教育、医疗保健、美容、旅游）。

2019—2020年是中国进入万元美金社会的开端，这意味着人们的需求也即将进入拐点：从基本的生存性需求转向发展性需求。随着收入的提高，人们的时间变得越来越贵；随着财富的积累，人们愿意为舒适付出的溢价在增加；随着自身财富的增加，财富“代际转移”的意愿增强，对子女的金钱投入会越来越高。这些因需求改变而可能产生的溢价，就是房地产的投资机会。

时间溢价

潮白河东岸的燕郊，是一个沿国贸向东30公里外的河北小镇。这里是北京著名的“睡城”，曾汇聚了很多“北漂”的梦想。很多在北京打拼的外地年轻人白天在北京城上班，晚上再跨城回到燕郊的房子休息。在早出晚归的路途上，他们盼望着北京地铁有朝一日修到潮白河东岸。

2015年夏天，通州被正式赋予“北京城市副中心”的定位。和通州相邻的燕郊，看上去离“中心”更近了。一时间燕郊楼市价格暴涨，各路人马蜂拥而至，大量购入燕郊房产。燕郊楼盘的均价从2010年的6500元/平方米一路攀升到2016年的3万元/平方米，远远超出了周边区域。

为了打击炒房的行为，2017年廊坊市发布了限购政策：外地户籍居民在燕郊购房需要提供3年社保缴纳证明或完税证明。限购政策一出，燕郊房价如过山车一般下跌。2018年，燕郊的房价下降到1.8万元/平方米，相比最高点几乎是“腰斩”。

很多“北漂”被便宜的价格和美好的愿景吸引，买了燕郊的大房子。但住进新房后，他们发现一切都没有那么美好。首先是通勤问题，所谓的“30分钟直达北京国贸”就是个笑话，因为光堵车就要一个半小时。其次是公共设施非常落后，特别是排水系统很差，一场大雨就会积很深的水，很多人不得不给自己的车办涉水险。如今看来，燕郊的房价不仅大幅贬值，而且流动性很差，房主根本找不到下家，脱手非常困难。

其实，限购政策只是燕郊房价下跌的直接因素，根本原因还是房产本身的价值支撑不起那么高昂的房价。燕郊当地人的月收入水平也就三四千元，大多数人买不起4万元/平方米的房子。也有很多人认为燕郊可以做北京的“睡城”，但是燕郊距北京市区30多公里，每天的通勤都是问题，况且，燕郊的基础建设并不发达，两地通勤并不现实。

在我们的研究定义中，城市是一套功能网络。在这套网络中，最有价值的是网络节点，比如城市的中心地带、各种交通干线的交会处，这些节点可以将人与各种基础设施和功能机构紧密连接。

未来，城市这套网络会越来越复杂，人们的时间成本也会随之越来越高。所以，城市网络节点处的溢价只会更高。很多人把中心老城区和郊外新城区的竞争称作“地铁和电梯的竞赛”，这话不准确，其实时间这一个变量就可以决定这场竞赛的输赢。现在一线城市的年轻人每小时的工资至少100元，金融和IT行业的还要更高。每天在燕郊和北京之间往返，至少需要3个小时，相当于300元的时间成本；一年按250个工作日计算，就是75000元，夫妻两人的时间成本加起来就是15万元。如果再考虑每年10%的工资增速，10年下来接近240万元。这10年累积的时间成本，就已经覆盖了北京市中心和燕郊的房价差。

所以，就投资价值而言，处于网络核心节点的城市中心的房子价值最高，郊区地铁站旁边的房子次之，郊区没有地铁的房子则几乎没有投资价值。

我们团队利用多家互联网公司的数据，从用户出发，测算了全国100个主要城市每个区域的基础设施连接度。我们分别计算城市各区县内每个居民从居住位置到医院、商场、银行、地铁站的最近距离，并统计它们的平均值（没有地铁站的城市，只计算到医院、商场和银行最近距离的平均值），最后得出城市各区县和地铁、商场、医院、学校等基础设施连接度的排名。

在本章附表1中，我们列出了全国100个主要城市中和地铁、商场、医院、学校等基础设施连接度最高的前三个区县。你可以翻阅一下自己所在的城市有哪些区县上榜，相信会对你的投资决策有帮助。

阳光的溢价

1957年，加利福尼亚州的太平洋帕利塞德（洛杉矶西区）还是海边一个人烟稀少的村落，当时还是通用电气一档电视节目主持人的罗纳德·里根（Ronald Reagan）来到这片荒芜之地，花2.9万美元买下了一套房子。1982年，里根在就任美国总统后的第二年，以100万美元的价格卖掉了这套房子。25年间，这套房子的价格涨了30多倍。这个曾经荒凉的渔村，现在已经变成了好莱坞旁边的度假胜地。2017年，里根的这套住宅再次转手，以2200万美元的价格成交，相比最初的价格上涨了750多倍。

这样的辉煌战果不是个案，而是20世纪70年代以来美国“阳光地带”[1]城市繁荣的缩影。从70年代开始，大批美国白人涌入美国西南部，推动了这一地区房价的大幅上涨。在20世

1 美国的“阳光地带”一般指北纬37°以南的地区。大致范围是：西起太平洋沿岸的加利福尼亚州，东到大西洋沿岸的北卡罗来纳州，北至密西西比河中游，南到墨西哥湾沿岸。南部“日照充足，气候温和，适宜人类居住”，而且这一区域各行各业蓬勃发展，经济日趋繁荣，阳光地带由此得名。

纪的最后30年里，加利福尼亚州的房价相对于全美平均水平来说，每年有超过3%的“超额收益”。这个看似不起眼的数字意味着，如果1970年你在加利福尼亚州买了一栋100万美元的房子，你朋友花同样的钱在美国北部买了一栋房子，30年后，你的财富比他多了整整150万美元。加利福尼亚州也不是特例，整个“阳光地带”的房价都比美国的平均房价增长得更快。即使1970年买的是加利福尼亚州以外的“阳光地带”的房子，你的财富也要比你朋友多大概100万美元。

为什么“阳光地带”会经历爆炸式的繁华？这是很多学者苦思不解的问题。

2005年，哈佛大学的城市经济学家格雷泽在《聪明的增长》[1]一文中给出了答案：

美国的人口迁移是有规律可循的。各城市人口的长期增长和1月的平均气温呈明显的正相关关系。尤其在1960年之后，这个趋势更加明显。1月平均气温在0摄氏度（32华氏度）以下的城市和1月平均气温在10摄氏度（50华氏度）以上的城市相比，前者的人口增速只有后者的1/3（如图4-8所示）。格雷泽解释说，美国从20世纪70年代开始进入万元美金社会，随着财富积累到一定水平，人们对舒适的要求开始发生变化，愿意为温暖的环境付出更高的溢价。

1 Edward Glaeser, *Smart Growth: Education, Skilled Workers and the Future of Cold-weather Cities*, available at https://www.hks.harvard.edu/centers/rappaport/research-and-publications/policy-briefs/smart-growth, 2005.04.

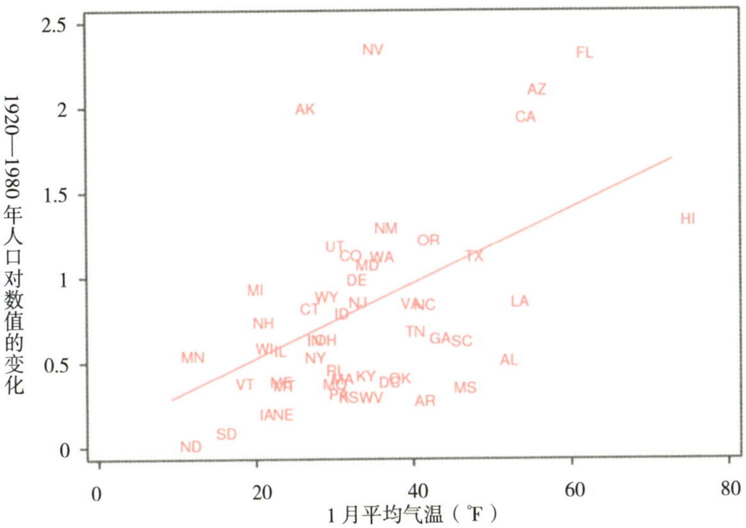

图4-8 美国的人口增长和1月平均气温的正相关关系[1]

同样的规律也发生在我们国家。在20世纪80年代以前，东北依靠丰富的矿产资源、肥沃的黑土地、广阔的林区，成了全国人口集聚的核心。1952—1980年，东北的GDP从84亿元上升到600亿元，增加了6倍，占全国GDP的份额从12.4%增至13.1%。人口从4107万增至 8901万，人口占全国人口的比重从7.1%增至9.0%。但20世纪80年代之后，形势发生逆转，东北逐渐从人口吸附地变成了人口流出地，GDP和人口数量在全国的份额也一路下滑。

1 Edward Glaeser,*Smart Growth: Education,Skilled Workers and the Future of Cold-weather Cities*,availableathttps://www.hks.harvard.edu/centers/rappaport/research-and-publications/policy-briefs/smart-growth, 2005.04.

关于东北的衰落，同样有很多解释。产业结构、制度环境、基础设施等因素是经济学家们给出的诊断。其实，有一个没有被提及的因素或许才是根源：东北太冷了，留不住人。辽宁和吉林1月的平均气温在零下10摄氏度以下，黑龙江1月的平均气温低于零下20摄氏度。生产机器能承受长时间的低温，但人并不是机器。自2000年以来，很多东北人“候鸟南飞”，到海南三亚买房。尤其是近几年，一到隆冬季节，到三亚过冬的东北人就特别多。有段子调侃说，三亚已经跃升为“东北第四省省会”，猪肉炖粉条更是取代了文昌鸡，成为海南特产。这一切，都反映了东北人对于温暖的向往。

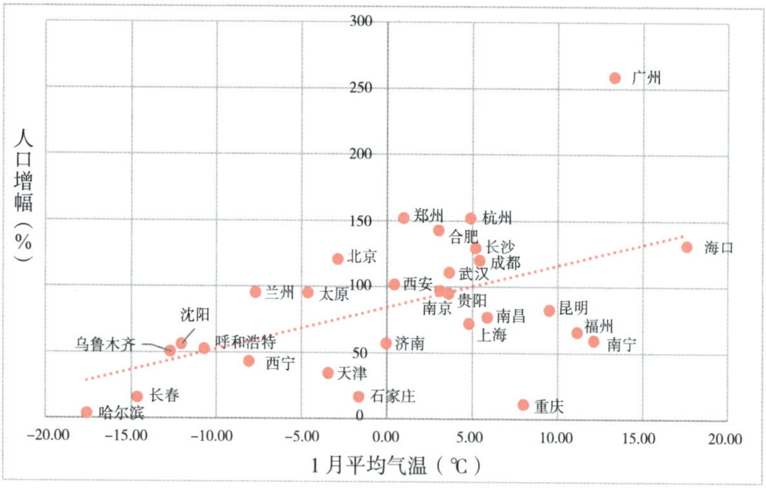

图4-9　2005—2018年中国部分城市1月平均气温与人口增速

自工业革命以来的几百年，也是人类社会大规模城市化的过程。在这个过程中，人类持续进行着汇聚和城市的选择。随着物质生活水平的逐渐提高，人类对居住的要求越来越高，对影响人们舒适感的自然环境因素越发重视。

对舒适的自然环境的追求，本质上也是对健康的追求。2015年发表在顶级医学杂志《柳叶刀》上的一篇文章[1]统计了13个国家的各种致死因素，发现“偏离最适宜的温度”这个因素所导致的死亡占了所有死亡因素的8%，甚至超过了交通事故、腹泻、肺结核等常见的因素。这项覆盖了7400个死亡案例的研究还发现，寒冷比热浪更有杀伤力。常年处于寒冷的环境中，不仅会增加致死的可能性，呼吸道疾病、心脑血管疾病、关节病的患病风险也会增加。

温度即寿命，这一规律在中国体现得更加明显。2013年《美国国家科学院院刊》上发表的一篇论文[2]通过研究中国20年的健康统计数据发现，中国南方人的平均寿命至少比北方人长5年。文章的作者把原因归于雾霾的影响，而中国官方机构则认为，北方人寿命预期的5.5年缩减几乎完全是由心肺疾病或相关健康问题导致的。但无论如何，南方温暖、湿润的气候，无疑更加适合人类居住和发展。我们如果把中国按照胡焕庸线和秦

1 Antonio Gasparrini,et al., “Mortality Risk Attributable to High and Low Ambient Temperature:A Multicountry Observational Study”,*The Lancet*,2015.05.

2 Chen Yuyu,et al.,“Evidence on the Impact of Sustained Exposure to Air Pollution on Life Expectancy from China’s Huai River Policy”,*Proceedings of the National Academy of Sciences*,2013.08.

岭–淮河分界线分成四个区，中国的前30大城市全部在胡焕庸线以东的区域，其中秦岭–淮河以南有19个城市，秦岭–淮河以北有11个城市。从时间趋势来看，这些大城市的人口增速也和温度有着非常明显的正向关系。

2020年，在万元美金社会里，中国人将迈着更加轻盈的脚步，奔向更加舒适的城市。像成都、杭州这些温暖湿润、滋养身体的南方城市，将会越来越有吸引力。对房产投资来说，“阳光的溢价”也会越来越高。

在本章附表2中，我们从气温、降雨量和人口3个维度列出了中国主要城市的数据。从气候宜居度和人口吸引力的角度定义城市未来的增长坐标。你可以在里面找到自己城市的定位。

代际跃迁的溢价

深圳人都知道“百花片区”，这是近两年很火的一个“网红学区”。“红”是因为这里是福田老牌名校的聚集地，片区内的学校长期霸榜深圳中小学校的前3名。近年来，百花片区每年房价的涨幅都在20%左右。而且这个片区还有一个特点，就是小面积房屋单价远远高于大面积房屋。在表4–2中，我们给出了2019年百花片区国城花园几套学区房的价格。

表4-2　2019年百花片区国城花园房价

房型	面积（平方米）	总价（万元）	单价（万元/平方米）
1居	43.5	1000	23
3居	103	1500	14.6
4居	128	1750	13.7

有了这几套房子的价格信息，我们甚至可以估算出这个网红学区的学位溢价。

我们可以把房屋的价格组成分为两部分：一部分反映房屋居住价值的价格，它是随着房屋面积的增加而线性升高的；另一部分反映房屋学位价值的价格，它是一个固定值。因为一套房一个学位，学位和房屋的面积没关系，房屋面积越大，每平方米的学位溢价反而越低。百花片区的房价（y）=每平方米的居住价格（k）×房屋面积（x）+房屋的学区价格（b）。根据表4-2中3套房屋的面积和总价在图4-10相应的坐标上描点，并进行线性拟合，就可以求出每平方米的居住价格和房屋的学位价格了。没错，图4-10中612.38（万元）就是百花片区房屋的学位价格。

天价学区房背后反映的是深圳教育资源的稀缺。每年7月都是深圳市教育局公布小学录取名单的时间，无数家长的心也在这时提到了嗓子眼。因为就历年的报名情况来看，深圳很多区县都出现了中小学校学位“爆仓”的情况，即买了学区房且具

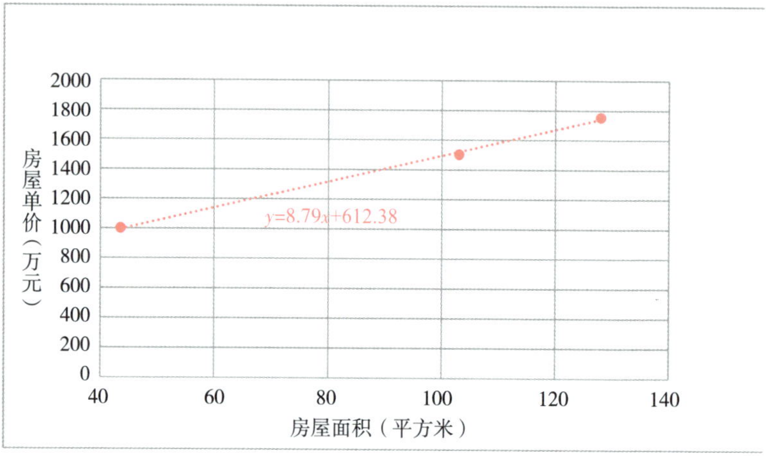

图4-10　深圳百花片区学位的价格

有入学资格的人数高于实际招生人数。

其中龙华区、宝安区和龙岗区的情况最为严重。龙华区一共有38所小学，其中有23所的总报名数超出计划数两倍；宝安区一共73所小学，其中有30所的总报名数超出计划数两倍以上；龙岗区有些片区甚至出现了1万多人抢300个学位的情况。学位没那么紧张的则是一些人口密度较低的区域，如大鹏新区，以及学区房价格无比昂贵的南山区和福田区。

面对日益紧张的学位，为了让孩子获得更好的教育条件，很多家长咬着牙买高价优质的学区房。即使花更多的钱挤在四五十平方米的破旧房子里，也心甘情愿。

学位稀缺并不是政府的扩充力度不够导致的，而是教育需求的增长速度太快。一方面，深圳的出生人口每年以超过10%的速度增长，还有大规模的外来随迁子女不断涌入深圳。未来，随着城市化进程的深入及更多青年人口的流入，深圳的学位需求将会越来越大。另一方面，40年的经济奇迹，让深圳积累了深厚的物质财富。人们对“代际跃迁”的愿望和对“文化资本”的向往，都会体现在对子女教育的投入上。

美国社会学家安妮特·拉鲁(Annette Lareau）曾用10年时间采访了包括美国贫困阶层、工薪阶层、中产阶层及富豪阶层在内的88户家庭，她发现不同社会经济阶层的父母在育儿方式上存在明显差异：贫困阶层和工薪阶层家庭倾向于给孩子更多自主权，对孩子的时间和物质投入比例也比较低；而中产阶层和富豪阶层家庭则对子女的成长更加雄心勃勃，投入的物质和时间都要更多。

同样的事情也发生在中国。2020年，中国总体迈入“中高收入国家”行列，越来越多的家庭成为中产以上的家庭。父辈的竞争，将会向下一代蔓延。“不能让孩子输在起跑线上”——代际的阶层跃迁渴望，将使人们未来对优质教育资源的竞争越来越白热化。

总之，2019—2020年的中国正站在万元美金社会的拐角处，人们的时间在变贵，对适宜的气候更加挑剔，对优质的教育资源更加向往。这些变化让房子的区位变得更加重要：和企业、基础设施的连接度更加重要，适宜的气候更加重要，附加的优质教育资源更加重要。

落实到具体的投资策略中，我们要寻找三者的交集。

气候因素可以帮我们确定房产投资的大致区域。东南沿海阳光充足、温暖湿润，未来有望继续复制“阳光地带”的崛起路径。

同时，我们也要考虑教育资源。教育不仅决定了下一代的发展，也决定了医疗资源的上限。因为医院和医学院是相辅相成的，医院提供大量临床样本帮助医学院学生学习研究，医学院则为医院提供源源不断的优质人才。所以，北京、上海这种教育实力优势突出的城市，应当成为首选。而且，就算在北京内部，教育资源的分布也非常集中，清华、北大绝大多数的录取名额被海淀区和西城区的中学包揽，这两个区域的投资价值也会越来越大。

最后，房产投资最重要的考虑因素还是位置、位置、位置。宁要核心区域的“老破小”，也不要远郊的大别墅。

不过，上述所有房产投资原则都是站在需求端考虑的，即使全部满足，也不要忘了，房产投资有一个最大的敌人——供给。

世界中心的中心，寸土寸金的纽约曼哈顿，土地供应极其稀缺，却也曾因为一次建筑技术的突破，导致房产供给发生了巨大变化，遭遇了房价的黑色风暴。

那是美国“咆哮的20年代”。1920年之后的10年间，美国经历了持续的繁荣。正如前文所述，房地产是国家经济增长的股票，那一时期美国的房价也是水涨船高。作为繁华的中心，曼哈顿20世纪20年代的实际房价（剔除通货膨胀等因素）和之前相比翻了一番，和中国近些年的房价增速相当。曼哈顿的房价在巅峰时一度达到460美元/平方米，按2012年的物价水平计算，约6000美元/平方米。[1]一个世纪以前，这是很夸张的数字。当时的石油大王约翰·洛克菲勒（John Rockefeller）都在租房子住。哈佛商学院副教授汤姆·尼古拉斯（Tom Nicholas）在曼哈顿公共图书馆手工整理历史数据时发现，1929年时，曼哈顿的房地产财富占到了全美国财富的近10%。

其实，要是没有外来冲击，这样的房价算得上是合理的。曼哈顿寸土寸金，除去税收和其他成本，每年的房租净收益约20美元/平方米。当时的利率大概是6%，根据戈登公式：如果房租净收益未来一直保持在20美元，那么，曼哈顿的房价应该为333美元/平方米；如果将20世纪20年代美国GDP平均每年4%的增长考虑进来，以未来租金2%的增速计算，合理的房价就会变成500美元/平方米。当我们设身处地把自己想成1929年的房产购买者，就很可能会去接盘460美元/平方米的楼盘。

然而，谁也没有预料到，一场突如其来的技术变革改变了一切。

20世纪20年代后期，工程师们具备了建造摩天大楼的能力，人们开始向上寻求空间。每建造1平方米的摩天大楼约需要

1　90年后的2019年，纽约市中心的房屋均价才大约是14000美元/平方米。

260美元的成本，这与当时300~400美元/平方米的房价之间的价差相当可观。于是房地产开发商们开始疯狂盖楼，一股建筑热潮席卷而来。当时整个纽约盖了5000多栋高层建筑，华尔街40号的克莱斯勒大厦和帝国大厦都是在那个时期建造的。为了争夺纽约乃至全球最高建筑的美名，大家甚至为此玩起了谎报建筑高度的游戏。根据土地经济学家霍默·霍伊特（Homer Hoyt）1933年的估算，芝加哥的立方空间从1893年的约1000万立方米增加到1933年的2300万立方米。曼哈顿的空间利用面积的增长速度，肯定要远远高于芝加哥。

就像雷姆·库哈斯（Rem Koolhaas）在《癫狂的纽约》（*Delirious New York*）中写的："人们建起的那些摩天大楼确实美化了城市，但却没有顾及它们的实用性。"[1]

拔地而起的高楼大厦让曼哈顿的房产供给一时间大幅增加。本来核心区域的土地面积是有限的，房屋属于稀缺财产，但现在房子可以垒起来盖到天上了，也就不再那么稀缺了。根据经济学的基本原理，既然盖房已经没有了以前的壁垒，房价将趋近于建筑成本，也就是约260美元/平方米。而对于1929年以460美元/平方米接盘的人来说，这些突然冒出的摩天大楼会让他们的投资损失近一半。

当然，在现实中，这些人的损失不止一半。在1929—1933年

1 1933年后，出于审美和安全的考虑，纽约和芝加哥等大城市开始对建筑物的高度做出严格的限制。

的大萧条时期，美国的GDP下降了43%，再加上技术进步带来的房屋供给的无限上升和房屋需求的下降，最终导致了房市的崩盘。[1]1930年，曼哈顿的房价跌至150美元/平方米，比最高点时下降了67%。

对于未来供给变化的估计不足，给1930年曼哈顿的房主们带来了惨痛的教训——当房子不再稀缺时，其价值也就大打折扣。

这样的故事会以不同的面目重复出现。

1994年山东省政府将乳山市的银滩规划为旅游度假区。乳山市是山东的一座小城，那里有被誉为“天下第一滩”的中国北方最好的沙滩，自然也是旅游和度假胜地。2000年之后，乳山市自西向东在20多公里的海岸线上陆续建设了200多个海景房项目。据媒体报道，仅2007年至2010年，乳山市房地产竣工总面积就高达562.34万平方米 。

海景房的供给增长和房价增长形成了鲜明对比：从2009年到2019年，乳山市的海景房价格仅从3500元/平方米涨到了4000元/平方米，可以说基本没有变化，远低于全国平均房价涨幅。究其原因，供应量大是最重要的因素。据说，银滩的海景房已经多到“把乳山市所有的人口填进去都住不满”“在银滩，卖房子的比卖菜的多” 。

1 经济学家威廉·克拉克（William Clark）、约翰·金斯顿（John Kingston）和格雷泽等人都认为，即使没有大萧条，当时曼哈顿的房价也会跌至建筑成本价。

其实，不只是乳山市，这些年沿着中国的海岸线，房地产开发商建起了各式各样的海景别墅。确实，在很多人的心目中，住海景别墅是一种人生的境界——面朝大海、春暖花开，才算完美生活。但大家渐渐也发现了海景房的种种问题：交通不便，生活配套不完善，教育和医疗资源更加缺乏。很多海景房距离市中心要一两个小时的车程，对时间就是金钱的现代人来说，这简直是浪费生命。另外，在中国长达1.8万多千米的漫长海岸线上，土地和房子都不稀缺，供给严重大于需求。

现在人们逐渐意识到，“海景”既不稀缺，也不珍贵。反而是城市中心的那些土地，供给更不容易增加。这些年的深圳就是最好的例证。十几年前，深圳东部海景房曾经被炒作成最稀缺的资源，吸引了众多投资者去各大楼盘抢房。当时的“地产一哥”万科甚至把总部从市中心的福田区搬到了靠海的盐田大梅沙，在那里新建了总部大楼。但是，10多年过去了，盐田的海景房只涨了百分之十几，除去装修、税费、月供和利息，相当于没涨。反观深圳市中心和西部地区的普通住宅，这些年却翻了好几番，上演了“草根逆袭”的好戏。

因此，即使再好的地段，再惬意的环境，我们都需要对房子的供给心存警惕。经济学家们制造了一个看起来非常高端的词来刻画房子的供给属性，这个词叫作“供给弹性”，直白点说就是建造新房屋的难易程度。当一个地区的房价或者房租上升，就有更多人有建造新房屋的动机。建造新房屋越容易，则这个地方的供给弹性越大。只有供给弹性小、复制成本高的房子，才有最大的投资价值。

“物以稀为贵”是经济学亘古不变的原理。即使条件再好的房子，一旦不再稀缺，其价值都会大打折扣。

在这章的最后，我用英国诗人约翰·佩恩（John Payne）的一句诗来做结：“无论流连过多少绚烂的风景，无论途经多少堂皇的宫殿，都无法取代我的小屋。”

希望你，能在2020年的财富拐点上，找到你的财富小屋。

附表1　主要城市基础设施连接度最高的前三个区县

排名	城市	区县	距离	排名	城市	区县	距离	排名	城市	区县	距离
1	上海	黄浦区	0.41	13	无锡	崇安区	0.66	25	大连	西岗区	0.71
		静安区	0.43			南长区	0.83			沙河口区	0.85
		虹口区	0.46			北塘区	1.04			中山区	1.16
2	北京	东城区	0.46	14	长沙	芙蓉区	0.75	26	常州	天宁区	0.97
		西城区	0.52			雨花区	0.87			钟楼区	1.18
		丰台区	0.89			天心区	0.88			新北区	2.07
3	深圳	福田区	0.70	15	宁波	江东区	0.80	27	唐山	路南区	0.77
		南山区	0.86			海曙区	0.90			路北区	0.91
		罗湖区	0.88			江北区	1.46			古冶区	1.94
4	广州	越秀区	0.45	16	郑州	金水区	0.89	28	徐州	泉山区	0.87
		海珠区	0.65			二七区	1.01			鼓楼区	1.18
		天河区	0.65			管城回族区	1.15			云龙区	1.19
5	重庆	渝中区	0.63	17	佛山	禅城区	1.30	29	哈尔滨	南岗区	1.00
		江北区	1.00			南海区	2.20			道外区	1.18
		南岸区	1.08			顺德区	4.18			道里区	1.68
6	天津	和平区	0.56	18	泉州	鲤城区	0.80	30	沈阳	沈河区	0.62
		河东区	0.65			丰泽区	0.93			和平区	0.67
		河北区	0.65			晋江市	1.42			皇姑区	0.88
7	苏州	沧浪区	0.53	19	南通	港闸区	1.22	31	潍坊	奎文区	1.15
		平江区	0.71			崇川区	1.61			潍城区	1.59
		金阊区	1.13			海门市	2.79			坊子区	3.69
8	成都	锦江区	0.77	20	西安	碑林区	0.41	32	石家庄	长安区	1.08
		武侯区	0.78			新城区	0.58			桥西区	1.12
		成华区	0.79			莲湖区	0.65			桥东区	1.20
9	武汉	江汉区	0.46	21	福州	台江区	0.72	33	温州	鹿城区	1.44
		江岸区	0.58			鼓楼区	0.84			瓯海区	1.49
		硚口区	0.68			晋安区	0.99			龙湾区	1.64
10	杭州	上城区	0.79	22	济南	历下区	1.37	34	盐城	亭湖区	1.86
		下城区	0.83			天桥区	1.67			盐都区	2.18
		拱墅区	0.93			市中区	2.35			建湖县	2.88
11	南京	鼓楼区	0.63	23	烟台	芝罘区	1.24	35	扬州	维扬区	1.06
		白下区	0.74			莱山区	1.62			广陵区	1.15
		秦淮区	0.80			福山区	1.85			邗江区	1.85
12	青岛	市南区	0.66	24	合肥	庐阳区	1.14	36	绍兴	越城区	2.06
		市北区	0.72			包河区	1.33			绍兴县	2.35
		四方区	0.86			瑶海区	1.42			新昌县	2.54

续表

排名	城市	区县	距离	排名	城市	区县	距离	排名	城市	区县	距离
37	南昌	东湖区	0.58	49	惠州	惠阳区	1.63	61	淮安	清河区	1.15
		西湖区	1.04			惠城区	1.65			清浦区	1.43
		青山湖区	1.33			博罗县	2.14			淮阴区	3.27
38	昆明	盘龙区	0.90	50	金华	义乌市	1.87	62	南阳	卧龙区	1.92
		五华区	0.99			婺城区	2.37			宛城区	2.25
		西山区	1.57			金东区	2.49			新野县	4.15
39	泰州	海陵区	2.20	51	宜昌	西陵区	0.87	63	邯郸	从台区	0.63
		靖江市	2.30			伍家岗区	1.84			复兴区	0.66
		高港区	2.45			点军区	2.20			邯山区	0.70
40	淄博	张店区	1.29	52	镇江	京口区	1.24	64	岳阳	岳阳楼区	1.40
		周村区	2.02			润州区	1.30			临湘市	4.78
		临淄区	2.33			扬中市	2.99			平江县	5.78
41	济宁	市中区	0.78	53	漳州	芗城区	1.39	65	常德	武陵区	1.48
		任城区	2.28			龙文区	1.49			安乡县	3.83
		兖州区	2.72			龙海市	2.47			鼎城区	4.08
42	台州	椒江区	1.71	54	太原	迎泽区	0.63	66	德州	德城区	1.79
		黄岩区	2.15			杏花岭区	0.79			庆云县	3.93
		路桥区	2.45			万柏林区	0.94			平原县	4.01
43	嘉兴	南湖区	1.73	55	榆林	绥德县	3.14	67	芜湖	镜湖区	0.85
		秀洲区	1.96			榆阳区	3.36			弋江区	1.21
		桐乡市	2.25			清涧县	4.83			鸠江区	1.79
44	厦门	思明区	0.96	56	贵阳	云岩区	1.06	68	保定	北市区	0.87
		湖里区	1.06			南明区	1.26			新市区	1.14
		集美区	1.50			小河区	1.89			南市区	1.36
45	临沂	兰山区	1.86	57	鄂尔多斯	东胜区	2.13	69	聊城	东昌府区	2.40
		罗庄区	2.12			达拉特旗	5.29			东阿县	3.00
		河东区	4.57			鄂托克旗	6.15			阳谷县	4.05
46	洛阳	西工区	1.01	58	沧州	运河区	1.01	70	廊坊	三河市	1.54
		涧西区	1.05			新华区	1.05			安次区	2.62
		老城区	1.08			孟村回族自治县	3.51			广阳区	2.82
47	襄阳	樊城区	1.80	59	泰安	泰山区	1.46	71	乌鲁木齐	天山区	0.85
		襄城区	2.42			岱岳区	3.73			水磨沟区	1.16
		襄州区	3.90			肥城市	3.75			新市区	1.22
48	东营	东营区	1.85	60	威海	环翠区	2.07	72	茂名	电白区	1.21
		河口区	3.22			文登市	3.70			茂南区	1.91
		垦利县	3.40			荣成市	4.03			茂港区	2.40

续表

排名	城市	区县	距离	排名	城市	区县	距离	排名	城市	区县	距离
73	菏泽	牡丹区	3.47	85	连云港	海州区	1.70	97	安阳	北关区	0.98
		东明县	4.85			新浦区	1.84			文峰区	1.22
		单县	4.89			连云区	2.88			龙安区	2.10
74	柳州	城中区	0.90	86	宿迁	宿城区	3.04	98	郴州	北湖区	1.25
		柳南区	0.98			泗阳县	3.49			苏仙区	2.14
		鱼峰区	1.09			宿豫区	4.06			临武县	3.95
75	衡阳	雁峰区	1.00	87	兰州	城关区	0.94	99	商丘	梁园区	2.32
		石鼓区	1.18			安宁区	1.02			睢阳区	2.92
		蒸湘区	1.39			七里河区	1.23			永城市	4.66
76	湛江	霞山区	0.60	88	湖州	吴兴区	2.17	100	信阳	浉河区	2.02
		赤坎区	0.96			南浔区	2.69			平桥区	2.75
		麻章区	3.76			德清县	3.44			新县	3.62
77	遵义	汇川区	1.55	89	九江	浔阳区	0.81				
		红花岗区	2.02			庐山区	1.26				
		湄潭县	5.08			湖口县	3.75				
78	包头	昆都仑区	1.16	90	周口	川汇区	1.59				
		青山区	1.18			项城市	3.28				
		东河区	1.84			商水县	4.06				
79	珠海	香洲区	1.24	91	滨州	滨城区	2.25				
		斗门区	2.14			邹平县	3.50				
		金湾区	2.95			博兴县	3.59				
80	呼和浩特	新城区	1.52	92	株洲	芦淞区	1.01				
		回民区	1.60			荷塘区	1.15				
		玉泉区	1.68			天元区	1.76				
81	江门	江海区	1.24	93	新乡	卫滨区	0.96				
		蓬江区	1.64			牧野区	1.24				
		新会区	2.20			红旗区	1.42				
82	许昌	魏都区	1.08	94	汕头	龙湖区	1.07				
		许昌县	2.88			金平区	1.23				
		长葛市	3.55			濠江区	2.09				
83	赣州	章贡区	1.32	95	枣庄	市中区	2.00				
		南康市	2.63			薛城区	2.43				
		龙南县	3.28			滕州市	3.39				
84	大庆	让胡路区	1.40	96	龙岩	新罗区	2.00				
		萨尔图区	1.57			长汀县	5.14				
		龙凤区	1.79			武平县	6.13				

注：表中城市按 GDP 排名，东莞和中山没有县级区划，因此没有进入本表。

附表2　全国城市气候、人口分布表

	0~100万人	100万~200万人	200万~500万人	500万~1000万人	1000万~2000万人	2000万人以上
寒冷干旱	金昌，图木舒克，石河子，石嘴山，临夏州，张家界，果洛州，黄南州，张掖，大兴安岭，阿勒泰，海南州，黑河，阿拉尔，酒泉，海东，阿拉善盟，克拉玛依，甘南州，海西州，五家渠，克孜勒苏柯州，海北州，嘉峪关，博尔塔拉蒙古自治州	锡林郭勒盟，阜新，巴音郭楞州，呼伦贝尔，陇南，武威，巴彦淖尔，松原，乌兰察布，昌吉州，定西，铁岭，塔城，白银，兴安盟，延边州	赤峰，通辽，四平，包头，榆林，西宁，绥化，张家口，鄂尔多斯，伊犁州，呼和浩特	兰州，长春，乌鲁木齐	沈阳	
寒冷干燥	固原，日喀则，山南，昌都，林芝，白山，玉树州，辽源，阿里，迪庆州，那曲	延安，通化，拉萨，本溪，白城，丹东，平凉，抚顺	齐齐哈尔，大庆，吉林，承德	哈尔滨		
寒冷湿润	伊春，鹤岗，七台河	佳木斯，鸡西，双鸭山，牡丹江				

续表

	0~100万人	100万~200万人	200万~500万人	500万~1000万人	1000万~2000万人	2000万人以上
凉爽干旱	哈密，中卫，和田，乌海	营口，吴忠，盘锦，葫芦岛，朝阳，朔州，辽阳，喀什，阳泉，阿克苏，天水	运城，东营，锦州，衡水，晋中，滨州，濮阳，鞍山，德州，晋城，大同，淄博，邢台，秦皇岛，临汾，长治，忻州，吕梁，银川	潍坊，济南，大连，太原，保定，廊坊，沧州	石家庄，天津	北京
凉爽干燥	商洛，铜川，莱芜	日照，三门峡，庆阳，鹤壁	许昌，咸阳，开封，宝鸡，威海，聊城	烟台，邯郸，临沂，唐山	青岛	
凉爽湿润		黔西南州，六盘水，安顺，鹤壁	毕节，驻马店，黔南州，黔东南州，曲靖	贵阳		
温暖干燥	济源，阿坝州，甘孜州，丽江，怒江州，吐鲁番	临沧，楚雄州，安康，玉溪，淮南，汉中，广元，眉山，资阳，漯河，昭通，淮北	安阳，焦作，菏泽，渭南，枣庄，宜宾，商丘，凉山州，平顶山，亳州，新乡，宿州，泰安，德阳，荆州，阜阳，蚌埠，周口，绵阳	济宁，洛阳，南阳	郑州，西安，昆明	成都

续表

	0~100 万人	100 万 ~ 200 万人	200 万 ~ 500 万人	500 万 ~ 1000 万人	1000 万 ~ 2000 万人	2000 万人以上
温暖湿润	新余，铜陵，池州，潜江，天门，黄山，鹰潭，雅安，仙桃，鄂州，张家界，神农架林，景德镇	广安，宣城，抚州，恩施州，萍乡，自贡，随州，遂宁，十堰，德宏州，丽水，内江，文山州，黄石，保山，舟山，衢州，荆门，马鞍山，咸宁，巴中	安庆，郴州，遵义，铜仁，泰州，镇江，芜湖，邵阳，南充，衡阳，株洲，信阳，红河州，九江，岳阳，湖州，常德，扬州，盐城，孝感，吉安，连云港，黄冈，宜春，达州，宿迁，滁州，怀化，张家口，乐山，襄阳，六安，娄底，桂林，泸州，永州，淮安，宜昌，益阳，上饶，湘潭	台州，徐州，绍兴，无锡，金华，南昌，常州，南通，嘉兴	苏州，武汉，杭州，合肥，宁波，温州，南京，长沙	重庆，上海
炎热湿润	临高县，澄迈县，屯昌县，儋州，定安县，万宁，琼海，东方，文昌，五指山，攀枝花	崇左，三亚，梧州，贺州，西双版纳州，来宾，百色，河池，三明	莆田，玉林，柳州，南平，龙岩，海口，宁德，漳州，贵港	南宁，赣州，泉州，厦门	福州	

续表

	0~100 万人	100 万 ~200 万人	200 万 ~500 万人	500 万 ~1000 万人	1000 万 ~2000 万人	2000 万人以上
炎热潮湿	钦州，阳江，北海，防城港，河源，汕尾，云浮	清远，湛江，肇庆，揭阳，韶关，江门，茂名，潮州，珠海，梅州	惠州，汕头，中山	南宁，赣州，泉州，厦门	东莞，佛山	深圳，广州

注：（1）温度定义：年平均气温 10℃以下为寒冷，年平均气温 10~15℃为凉爽，年平均气温 15~20℃为温暖，年平均气温 20℃以上为炎热。

（2）湿度定义：年降水量 500 毫米以下为干旱，年降水量 500~1000 毫米为干燥，年降水量 1000~2000 毫米为湿润，年降水量 2000 毫米以上为潮湿。

（3）人口定义：按照移动网络大数据口径计算的人口数量。

第五章 在恐惧中贪婪

生活哪有什么胜利，挺住意味着一切。

——里尔克[1]

悲观的经济：内忧外困

2019年的中国经济处在令人不安的阴霾中。进入21世纪以来，中国经济的上空，似乎从来没有这么阴郁过。

这种阴郁，源自对整个宏观环境的担心。2019年可以用“内忧外困”来概括：内部经济下行，外部环境恶化。在国内、国际两条主线上，中国经济正在经历40年未有之变局。

国内经济增速一路下行。2018年中国的GDP增速还有6.6%，但到了2019年，前3个季度的增速从6.4%一路下行到6.2%、6.0%，平均增速为6.2%。[2]我国上一次GDP增速低于6.2%，还要回溯到30年前的1990年。30年的时间过去了，中国的GDP增速似乎走完了一个轮回，回到了原点（参见图5-1）。

更令人不安的是，经济增速看起来还会继续下行，看不清

1 里尔克（Rilke），奥地利诗人，被誉为欧洲现代最伟大的诗人之一。

2 数据来源：国家统计局网站，http://www.stats.gov.cn/tjsj/zxfb/201910/t20191018_1703498.html。

何时才会探底。市场上很多人说经济增速的发展呈现L形，可是从数据上看到的经济增速趋势，是一个长长的下坡，这个L形的水平地带迟迟没有出现。

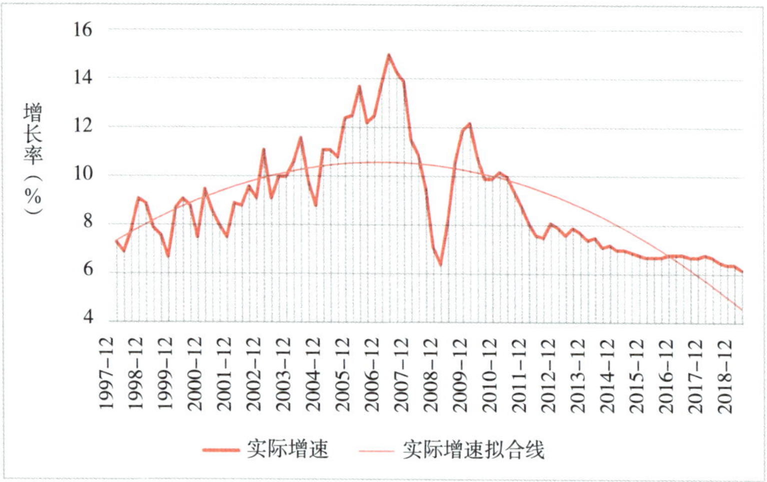

图5–1 1997年12月—2018年12月中国经济增速

经济增速还远不能反映市场的担心。实际的情况可能更令人不安。2019年，我国企业整体的利润是下滑的，大规模裁员的消息此起彼伏。整整一年，人们是在等待与失望中度过的。从年初开始，人们就在热切地等待，等待经济转暖，等待大规模的经济刺激，等待房地产调控放松。然而，漫长的等待之后，什么也没有发生。不仅没有等来大规模的经济刺激，就连小规模的刺激也没有看到。货币政策松松紧紧，实际上最后是变紧了。房地产调控不仅没有放松，在下半年还收紧了。如果说担心让人感到的是丝丝凉意，那么，漫长的等待和一次次的失望，让人感到的则是刺骨的寒冷。

看国际，中美之间的贸易摩擦，迟迟看不到解法。中美贸易谈判谈了13轮，依然看不到一个协议。如果说面对内部经济的下行，大家还有心理准备，毕竟像过去那样高的增长是不可持续的，但是外部环境的恶化，却是大大超乎预期的。

事实上，中国目前所处的外部环境，是改革开放40多年以来没有出现过的。中美1979年建交以来，关系一直不错。虽然中间出现过中国驻南斯拉夫大使馆被炸的事件，但是这毕竟是孤立事件，而且双方很快以谈判和美方同意中方加入世界贸易组织（WTO）结束，这带来了中国十几年的进出口贸易大增长和经济大繁荣。

这一次中美贸易摩擦，看起来不一样。特朗普总统上台仅仅3个月，就发起了针对中国的贸易调查，并且在一轮又一轮的调查之后，一次又一次地对来自中国的商品加征关税。中美贸易谈判更是一波三折。从2019年年初的积极谈判，到5月的谈判破裂，再到10月的谈判重启，看起来双方的分歧不小。稍微正面一点的消息是，双方表态要签署一个阶段性协议。但是截至本书成稿时（2019年10月底），双方都对协议的内容讳莫如深。

从进出口数据来看，2019年前9个月我国的进出口总额和

2018年比是下降的，中美贸易摩擦的影响显现无疑。但有趣的是，进出口额中出口额和2018年基本持平，进口额下降更多，因此贸易顺差反而增加了，这一情形也被戏称为“衰退型顺差”。进口贸易额的大幅下降，说明国内需求很弱，进一步证明了国内经济不景气。

同时，美国还针对中国高科技企业进行出口管制，毫不掩藏遏制中国产业升级的目的。

中国过去40年的高增长得益于良好的外部环境，其中总体上和谐的中美关系功不可没。现在中美关系的明显变化，让人觉得前路迷雾重重。

对内经济增长的新动能迟迟未能看到，对外面临着改革开放以来最令人困扰的局面之一，很难让人不感到“前路茫茫”。从过去几年的情况来看，中国经济在2017年遇到冬至，2018年经历小寒，2019年触碰大寒。这次经济寒冬，比以往更长、更冷。

反弹的资产：白雪皑皑中的含苞待放

不乐观的宏观经济背景之下，资产价格应该会发生雪崩。

可是，从数据上看，完全不是这样。资产价格不仅没有雪崩，还强劲反弹。股票、债券、房地产、人民币汇率这四大类资产的价格都是上涨的。白雪皑皑的经济寒冬中，资产价格犹如生命力顽强的雪莲花。

股票：上证指数从2019年年初的2494点，涨到10月底的

2939点[1]，涨幅高达18%。代表中小盘股票价格表现的中证500指数和创业板指数，则分别上涨了19%和35%。历史上，上证指数的年均涨幅只有13%，美国标普500指数的年均涨幅也只有13%左右。对比之下，2019年的股票涨幅绝对不能算低。在股票指数上，我们看不到悲观的影子。

债券：综合反映债券价格的中证全债指数从2019年年初的190点左右，涨到10月底的197点左右，涨幅达3.6%。对于债券而言，这是很高的涨幅。如果2019年年初你投资了国债期货，并加了一个很低、很安全的杠杆，比如5倍，那么，这一年你根本不用担心被平仓，轻松就能获得很可观的安全收益。[2]

可见，在2019年，不管是投资股票，还是投资债券的人，收益都很不错。

房价：2019年上半年全国的房价也是上涨的。苏州、南京、成都、西安等核心二线城市房价的涨幅还很大，涨幅较快的佛山、苏州、大连、南宁等几个城市还被住建部点名警示。下半年因为调控加码，部分城市房价有所松动，但全年的涨势依然明显。

人民币汇率：人民币兑美元的汇率在2019年8月5日跌破了7。至此之后，市场上有些人极度悲观，认为人民币汇率会一路

1　本书的定稿时间是2019年10月31日。除非另外说明，相关金融数据的截止日期也是2019年10月31日。

2　类似这样的策略，参见徐远：《2019资产配置前瞻之国债》，载微信公众号“徐远观察”，推文日期2018年12月3日。

下行，破7望8，甚至跌到12~13。但实际情况却是在7.18左右，人民币兑美元的汇率就止跌反弹了。截至2019年10月底，人民币兑美元的汇率已经回升到7.06左右。尽管历史无法假设，但是我还是禁不住想问：如果人民币汇率早一点破7，现在是不是已经回到7以内了？

在中国经济的寒冬，资产形势却是春意盎然。这里面的落差，到底来自哪里？

数据如历史：任人打扮的小姑娘

我曾和一位新闻领域的学者聊天，他说：从新闻传媒的角度来看，这世界没有真相，只有认知。这句话放在经济研究上同样精辟。在一千个人眼中，有一千个哈姆雷特。对于经济数据的解读，也是千人千面。

比如说“经济数据下行”——这是数据的趋势，肯定是对的。但是能就此判断“经济增速很低”吗？“低”是形容词，说数据高低，是要有一个比较标准的。当我们说经济增速的高低时应该用什么标准呢？可能的标准有4个。

过去的增速

和过去的增速比，现在的增速无疑是低了。在1979—2018年的40年间，我国GDP平均增速为9.46%[1]，而现在的GDP增速

1 数据来源：作者根据国家统计局数据计算。

是6%左右。

可是，过去的增速是好的比较基准吗？经常有人说，过去的增速不可持续，更重要的是要寻求经济增长方式的转变。现在增速下降是否意味着我们在寻求新的增长方式了呢？实际上，关于中国经济增长速度的高低，从来就不缺口水。把一切主观的愿望放在一边，我们不得不承认，每年超过10%的增速，是不可能长期持续的。像2007年14.2%那样的增速，是可遇不可求的，而且从长期看也不一定是好事情。就长期来看，平稳的、较快的增长，比后劲不足的“高速”增长要好得多。

更重要的是，2019年的经济体量比2007年时又翻了一番还多。作为世界第二大经济体，中国经济基数更大，增长自然更难。百分之十几，甚至7%以上的增速，都很难复现。

世界平均增速

和世界GDP平均增速比，中国的GDP增速不算低。相比2018年平均3.04%的全球经济增速，中国6.6%的增速是其两倍多。世界银行曾预测，2019年世界经济增速为2.6%，欧盟只有1.2%，美国是2.5%，日本则是0.8%（如表5-1所示）。与之相比，中国目前6%出头的增速是美国的2倍多，欧盟的5倍多，日本的7倍多。

换言之，不管是和世界平均值比，还是和主要大经济体比，中国的经济增速都至少快了1倍以上。即便和印度、越南这样刚刚起飞的新兴经济体比，中国的经济增速也并不逊色。所以，所谓的增速低，应该是和“期望增速”相较而言的。问题是，期望增速多少算合适？

表5-1　2012—2019年世界经济增速比较[1]

（单位：%）

	2012—2017 年	2018 年	2019 上半年	2019 年预测
世界	2.76	3.04	—	2.60
OECD（经济合作发展组织）国家	1.90	2.21	—	—
欧盟国家	1.12	1.91	1.10	1.20
东盟	5.15	5.08	—	—
发达国家				
美国	2.20	2.86	2.50	2.50
日本	1.27	0.79	1.10	0.80
德国	1.55	1.43	0.40	—
英国	2.07	1.40	1.60	—
法国	1.05	1.72	1.20	—
发展中国家				
中国	7.22	6.60	6.30	6.20
印度	7.10	6.98	5.40	7.50
越南	6.06	7.08	6.76	6.60

1　2012—2017年、2018年数据来源于世界银行公布的数据。2019年预测数据来源于世界银行2019年6月《全球经济展望》报告。2019年上半年数据部分来自世界银行公布的数据，部分来自各国官方公布的数据。

潜在经济增速

根据主流的经济学理论，潜在的经济增速，即一个经济体潜在生产能力的增长能够支撑的增速，是衡量经济增速是否合理的标准。这个定义很科学，但是并不完美，因为潜在的经济增速又是一个争论不清的问题。

一个简单易行、可操作的办法是看通货膨胀情况，也就是物价水平的上涨速度。通货膨胀水平高，就意味着目前的增速高于潜在增速。反之，就表示目前的增速低于潜在增速。通货膨胀水平是判断实际增速与潜在增速关系的通用标准。

但最尴尬的地方在于，2019年我国面临着一个实际问题：通货膨胀水平的高低不明确。依据CPI判断，通货膨胀水平是很高的，9月CPI同比增长3%，是2013年11月以来的最高值。[1]可是看PPI（生产者价格指数）的话，9月PPI不增反降，同比下降1.2%。一个社会的价格指数主要包括CPI和PPI。CPI更多和民生相关，而PPI更直接地反映生产环节的价格情况。PPI为负数，意味着整个社会生产出现萎缩下滑，也就是有通货紧缩压力。一个数据显示通货膨胀，一个数据显示通货紧缩，到底应该看哪一个呢？2019年的经济数据确实像雾像雨又像风，让人对政策的解读和把握也成了谜。

为什么PPI和CPI会出现这样的背离呢？其实这是“猪肉

1　2013年第4季度，我国CPI曾短暂地突破过3%，之后很快又回到了3%以内。

惹的祸”。从2017年开始，非洲猪瘟在中国蔓延。作为全世界最大的猪肉消费国，猪肉价格在消费品价格中占有重要位置，甚至有人称中国经济周期为“猪周期”。2019年我国生猪供应大幅减少，猪肉价格大幅上涨。于是人们开始减少猪肉消费，转向其他替代品，比如牛肉、羊肉、鸡肉、禽蛋、水产品等。环环传导下去，猪肉价格上涨被传导成了“食品价格整体上涨”。从数据上看，9月猪肉价格上涨69%，畜肉价格上涨47%，禽肉价格上涨15%，蔬菜水果价格也有不同幅度上涨。食品价格上涨的直接后果就是CPI大涨。

但是CPI大涨一定意味着通货膨胀吗？其实未见得。由于食品和能源价格波动较大，为了更好地观测经济的实际“热度”，各国重点观测剔除食品和能源的CPI，即核心CPI，其警戒线一般是2%。剔除了猪肉等非正常因素后，中国核心CPI的数据为1.5%，也就是说通货膨胀并不严重，甚至偏低。

核心CPI较低，PPI还是负值，可以得出当前的经济状况是比较冷的，眼下增速低于潜在增速。其他的宏观经济数据，如投资、工业增加值、企业利润、货币增速等，也都支持经济比较冷的结论。

对于经济偏冷有共识并不意味着对政策选择有共识。到底该不该刺激经济依然是一个问题。由于CPI和PPI的背离，政策部门面临着两难抉择：本来，经济很冷，应该刺激；可是食品物价高涨，影响居民生活，又应该紧缩。到底该怎么办呢？

上帝的归上帝，恺撒的归恺撒。央行不是赤脚医生，管不了非洲猪瘟病毒。财政和货币政策可以用来对抗经济周期，却无法对抗猪瘟病毒，对猪瘟病毒带来的猪肉价格上涨也几乎无效。如果进一步采取紧缩的政策，会导致CPI继续上行，PPI继续下行，二者的背离会越来越严重，并导致经济继续下行。

那么应该采取什么样的经济政策呢？在这一特殊情况下，我们应该把包括猪肉价格在内的食品价格问题分离，通过扩大进口的办法，压制食品价格上涨。不仅要扩大猪肉的进口——国外市场上的猪肉也没有那么多，牛羊肉、鸡肉等可以替代猪肉的消费品的进口也应该增加。在中美贸易摩擦的背景下，扩大美国农产品的进口数量也有利于缓和摩擦。同时，财政、货币、产业政策应该适当放宽，对抗经济下行。[1]

短期目标增速

更重要的一个目标是党的十八大明确提出了全面建成小康社会的任务，到2020年实现国内生产总值和城乡居民人均收入比2010年翻一番。对于事先定下的目标，除非出现极端特殊的情况，全社会都需要一起努力完成。所以，2019年和2020年的经济增速不能太慢，初步测算GDP增速要保持在6.2%，安全起见要达到6.3%。

所以，根据党的政策目标，现在的经济增速算是“稍微慢

1　以上只是纯粹的学理分析，并不构成严格意义上的政策建议。

一点点”。如前文所述，2019年前3季度我国经济增速数据分别为6.4%、6.2%、6.0%，3个季度的平均增速是6.2%，看起来有下滑的态势。但如果第4季度保住5.8%以上的增速，让全年经济增速保持在6.1%左右，就还在合理的经济波动范围内。

但如果2019年只保住6.1%左右的经济增速，就会对2020年的GDP增速产生更高的要求——要达到6.2%甚至6.3%。这意味着2020年一开年经济增速就要快速拉升到6.3%，难度会比较大。所以站在2019年第4季度的拐点上，政府有动力进行逆周期调控，保住2019年第4季度6%以上的增速，让全年的GDP增速接近6.2%，这样2020年第1季度的经济压力会小一些，可以从6.2%慢慢上升到6.3%，并让全年的经济增速保持在6.3%以上。对于完成全面建成小康社会的目标，这应该是更稳妥的做法。

所以，目前的情况大体上可以总结为：从实现2020年全面建成小康社会目标的角度来看，经济增速略慢，但政策面上并不需要过于紧张，只需要密切关注经济变化，随时预调微调，稳定增长。否则把压力全部留给2020年，政策面上可能需要较大力度的刺激才能确保任务完成。到那时，经济刺激带来的副作用可能较大，回旋余地较小。

此外，从经济效率和经济发展可持续性的角度考虑，当前的经济也需要一些刺激措施。在经济偏冷的情况下，很多企业经营困难。企业经营困难固然有微观决策的问题，这需要微观企业自己承担责任。但有些企业经营困难是宏观环境的问题，这就需要宏观政策来扭转。比如，现在企业的有效实际贷款利率在10%以上，企业使用资金的成本很高，稳健的企业会收缩战线，负债较高的企业会面临财务风险。如果因为宏观政策进一步紧缩而影响了企业的效益甚至导致企业破产，对于全社会而言就是福利损失。因此，这一时期，过紧的宏观政策并不是最优的选择。理想的做法是宏观经济政策做到松紧适度，让企业在竞争中优胜劣汰。

考虑基本面与短期政策目标后，我们对于短期经济政策的基本预判是：财政政策将在保证效率的前提下继续适度宽松，货币政策将慢慢宽松，同时采取其他政策对抗物价。

综合以上4个判断经济增速的标准可知，目前的经济增速与历史水平比是低了一些，但历史上的高增长是不可复制的。我们经济的增速与世界平均水平比并不低，只比潜在经济增速和既定政策目标低了一点点，但通过适度的刺激措施可以追上来。

这对于资产价格有什么意义呢？简单来说，就是经济基本面没那么坏，如果有人觉得经济形势恶化，是因为预期太高。而且政策面可以施展的空间还比较大，经济还有转好的可能性。在这样的思考框架下，资产反弹其实就有了基础（这一点后文会再展开来讲）。

竞争的格局：G2 正式拉开帷幕

中美贸易摩擦，无疑是2019年中国经济上空一朵厚厚的乌云。

对于中美贸易摩擦，普遍存在巨大误解。这种误解，在中国经济下行、中国经济高度外向（进出口贸易在经济活动中占比很大）的背景下，又带来巨大的恐惧。

在近两年的实践中，我们越来越认识到，中美之间的贸易摩擦，其实只是更深层利益冲突的表现而已。

历史上，美国和其他国家之间也曾存在贸易摩擦。比如美国想把自己的钢铁、汽车、家电、半导体等产品出口到日本，但是日本本土的这类产品质量好、竞争力强，不仅不需要进口，还要把自己的产品出口给美国。双方在相关产品市场上存在着激烈的竞争关系。这时候美国采用非市场手段逼日本进口其产品，双方产生贸易摩擦。美欧之间也有贸易摩擦，双方在香蕉、牛肉、钢铁、飞机等产品上存在竞争关系，彼此都想抢占对方的市场份额，想让对方买自己的产品，这些都是实实在在的“贸易”摩擦。

今天中美贸易摩擦的焦点是什么？美国想向中国出口大豆？没问题。根据美国总统特朗普发布的信息，中国已经答应购买美国400亿~500亿美元的农产品。想向中国出口飞机？也没问题，中国一直是美国波音飞机的最大买家之一。中国在购买美国商品的问题上是非常配合的，也愿意协商解决问题。可是，这是美国想要的吗？完全不是。美国的底牌在中美经贸磋商后发布的公告里写得很清楚。

2019年10月11日，中美在华盛顿结束了第13轮磋商，美国总统特朗普会见了中共中央政治局委员、国务院副总理、中美全面经济对话中方牵头人刘鹤。刘鹤表示，双方在此轮磋商中就共同关心的经贸问题进行了坦诚、高效、建设性的讨论，在农业、知识产权保护、汇率、金融服务、扩大贸易合作、技术转让、争端解决等领域取得实质性进展。

这段话看似平淡无奇，却算得上用心良苦。中美贸易摩擦的秘密，其实就在这句话里。

根据磋商的结果，特朗普称中国将扩大对美国农产品的进口。在国内食品价格通胀很严重的情况下，这符合中方的利益。所以，双方在农业问题上很容易达成协议。除农业以外，那些已经取得了实质性进展，但是还要进一步磋商的领域，才是谈判的重点。这些领域就是6个关键词，它们分别是：知识产权保护、汇率、金融服务、扩大贸易合作、技术转让、争端解决机制。我们将这6个关键词分成3组：（1）知识产权保护、技术转让；（2）汇率、金融服务；（3）扩大贸易合作、争端解决机制。这样的分组正好对应了美国的3个核心竞争力：（1）科学技术；（2）货币金融；（3）全球领导地位（如图5-2所示）。

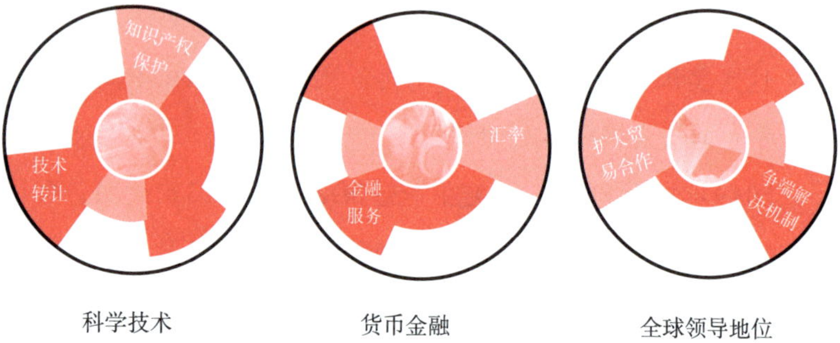

图5-2 美国的核心竞争力

美国并不大量生产商品，而主要是靠进口，但是它依然是当今世界的头号强国，靠的就是这3个核心竞争力。科学技术和货币金融不用多说。所谓全球领导地位，是指在协调各种矛盾和冲突的过程中，美国要保持其主导地位。

在美国的这3个核心竞争力诉求中，并没有商品贸易。中国出口给美国的商品，绝大部分是美国根本不生产的，并且乐于从中国低价进口的。美国即便不从中国进口这些商品，也会从其他国家进口。双方在产品上根本不存在竞争关系，又哪里来的贸易摩擦？所谓的贸易摩擦，不过是争取其他核心利益诉求的工具而已。

退一万步讲，即使中美之间有贸易摩擦，也在1999年前美国同意中国加入WTO的那一天就已经结束了。[1]从加入WTO的

1 1999年11月15日，原中国外经贸部部长石广生和美国贸易代表巴尔舍夫斯基（Barshefsky）分别代表中美两国政府在北京签署了关于中国加入WTO的双边协议。

第一天开始，中国大量的劳动力资源就和世界商品流通市场结合在了一起，中国成为世界工厂的趋势就已经不可阻挡，世界贸易格局就已经被改写。美国的战略和政策制定当局早就看到了这一点，看到了在经济全球化的背景下美国在制造业领域很难保持优势。其实那时候，美国就已经放弃了制造业，转而专注于高科技和金融这两大领域，用这两大核心竞争力来维持自己的全球领导地位。

到2018年时，中国早就超过日本，成为全球第二大经济体。除了GDP总量之外，进出口总额、专利总数、国防开支也都仅次于美国，位列全球第二（如表5-2所示）。

表5-2　中国和美国2018年基本数据对比

	美国（排名）	中国（排名）
人口（亿）	3.27（3）	13.95（1）
GDP（万亿美元）	20.5（1）	13.5（2）
进出口总额（万亿美元）	5.62（1）	5.38（2）
专利总数（个）	56142（1）	53345（2）
国防开支（亿美元）	7789（1）	1613（2）

中国的人口是美国的4倍。继续发展下去，中国很快就会超过美国成为全球最大的经济体和贸易体，而且中国的科技实力也在不断增强。这时候，美国强烈感受到自己的全球领导地位受到威胁，再也不能对中国的壮大坐视不管了。于是，中美之

间的某种冲突就成为必然。贸易，不过是大国竞争时一件顺手的工具而已。中国经济对出口的依赖性强，对中国商品加征关税就能打击中国的制造业，这是“贸易摩擦”的实质。

其实，如果不是很多偶然事件，中美之间的摩擦可能会在更早的时间节点爆发。2007年金融危机后，美国经济比较疲软，还要依赖中国的高速增长拉动全球和美国经济，所以双方暂时在一段时间里相安无事。否则，历史的演绎可能会依照完全不同的时间表进行。

在美国的那场金融危机之后，还曾有两个小插曲，充分说明了美国的矛盾心态。

第一个小插曲发生在2009年7月27日首轮“中美战略与经济对话”时。当时，美方代表、美国国家经济委员会主任劳伦斯·萨默斯（Lawrence Summers）称，“美国已不再是世界的火车头”，时任美国总统奥巴马在对话后的记者会上也引用了这句话。奥巴马措辞谨慎，宣称两个超级大国进入了“合作而非对抗”的新时代，并与时任中国国家主席胡锦涛约定定期举行“中美战略与经济对话”。此前已经在美国学界、美国商界热议了好几年的中美G2的说法，从此更加流行。美国学界为此还专门造了一个词，叫“中美国”（Chimerica）。

无独有偶，另一个小插曲也发生在2009年7月。当时的美国国务卿希拉里·克林顿（Hillary Clinton）在东盟外长扩大会议上首次提出“重返亚太”。随后，美国加入《东南亚友好合作条约》，表明了奥巴马政府对东南亚地区的高度重视。

根据希拉里的表述，美国的重返亚太计划包括以下几点：强化美日韩三国安保同盟关系；深化与包括中国在内的新兴国家的关系；参与亚太地区多国间协调事务；扩大美国在亚太地区的贸易和投资；建立广泛和稳定的军事存在。用政治语言表述，“重返亚太”就是增加美国在亚太地区的影响力和存在感，防止中国成为亚太地区的领导者。

在重返亚太的战略中，“人民币升值”“保护知识产权”这些关键词随处可见。这显然是因为金融和科技是美国的核心竞争力。美国在保护自己的核心竞争力方面从来是不遗余力的。只不过因为2009年时美国还处于金融危机中，经济不景气，没有“余力”。所以一边委曲求全地说“G2”，一边提出了“重返亚太”。背后的潜台词，和10年后的今天是一样的，就是维护美国的核心利益。

到了2015年，美国经济复苏，但是赶上了总统换届，与中国的竞争就只能拖到新总统上台以后。2017年1月20日特朗普就任美国总统后，4月20日就宣布对中国出口美国的钢铁、铝等产品开展贸易调查，并马不停蹄地针对各类产品先后发动了5轮调查。2018年3月22日美国贸易代表办公室发布“301”调查报告，随后特朗普当天就签署了“对中国商品加征关税”的总统备忘录，正式挑起中美贸易争端。此后，美国步步紧逼，各种针对中国的制裁措施环环相扣，贸易摩擦愈演愈烈。

综合来看，美国挑起贸易争端并不是空穴来风，而是有备而来，只不过因为美国国内的事务推迟了10年而已。我国国内有些企业抓住了这10年的机遇，增强了自己的技术优势和核心竞争力。还有的企业则白白浪费了10年，在核心竞争力方面没有任何突破。历史是残酷的，不具备核心竞争力的企业，如果再不迎头赶上，就只能接受被淘汰的命运。

看清了贸易摩擦的本质，也就很容易看穿整个过程的扑朔迷离。自2018年3月22日中美贸易摩擦爆发以来，到现在已经持续一年半有余，人们始终看不到彻底解决矛盾的可能性。本来2018年年底中美两国在贸易上的争端已经有所缓解，2019年年初双方谈判进展也十分顺利，可是到了5月初，贸易谈判又陷入僵局。直到10月，双方才开始新一轮谈判，取得了阶段性的成果。

为什么中美贸易博弈如此跌宕起伏，看似峰回路转，却始终无法迎来柳暗花明？因为中美在核心利益上有直接的竞争关系。面对这种竞争关系，美国不会让中国在技术上赶超美国，这也是美国对华为等高科技公司实施禁运，不加掩饰地遏制其发展的原因。

中国应该如何面对美国的遏制？

答案很简单，靠自己的实力。抛开玫瑰色的幻想，迎难而上，直面挑战。

可是在现实中，很多人不是这么想的。面对中美贸易摩擦，市场上存在一种普遍的心理——“恐惧”。这种恐惧，在资本市场上表现得可谓淋漓尽致。特朗普发一条暂停谈判、威胁加税的推特，沪深股市就来一个高台跳水，香港股市也不能免俗，甚至有过之而无不及。

很多人心中的恐惧可能出于三方面的原因。

第一是习惯。在过去100多年的时间里，美国一直非常强大，具备超强的经济、军事和科技实力，主导了全球的政治和经济格局。我们怎么跟人家对抗？

第二是怀疑。有的人怀疑我们自身的正当性。中国人向来讲究“吾日三省吾身”，担心是自己做得不好，才被人抓住了把柄。何况，在过去几十年里，我们一直把美国当作学习的榜样，并且从美国主导的国际经济秩序中受益匪浅。现在要和人家对抗，总觉得心虚。

第三是战略上的考虑。以开放促改革一直以来都是我们的一个重要发展思路。近些年中国的改革步入了深水区，改革越来越难。很多人担心和美国闹翻了，会影响以开放促改革的总体战略，影响国家的整体进步。

这些担心都有一定的道理。但不管是什么原因，恐惧都于事无补。在国际谈判桌上，双方讨论的是利益的分配和制衡，讲究的是实力，坚守的是自己的核心利益。至于公平、正义，那是谈判的结果，不是谈判的预设。

正确的心态，是面对强大的对手，思考如何正确计算双方的力量对比，找到自己的竞争优势。具体到这次中美贸易摩擦，我们需要分析的是中美两国的实力对比，以及贸易摩擦带来的成本。

表5-3比较了2018年中国和美国的几个简单的经济数据，我们可以从中提炼出4个要点。

表5-3 中国和美国2018年经济和贸易数据对比[1]

（单位：万亿美元）

	中国	美国	中国 / 美国
GDP	13.5	20.5	66%
制造业增加值	3.86	2.34	165%
商品和服务进出口总额	5.38	5.62	96%
商品进出口总额	4.62	4.24	109%
商品进口额	2.13	2.56	83%
商品出口额	2.49	1.67	149%
商品净出口额	0.35	–0.89	—
服务进出口总额	0.76	1.39	55%
服务进口额	0.51	0.56	91%
服务出口额	0.26	0.83	31%
服务净出口额	–0.25	0.27	—

第一，2018年，美国的GDP是 20.5万亿美元，中国的GDP是13.5万亿美元，中国大约是美国的2/3。在经济总量上，美国

1 数据来源：Wind数据库。

依然占据极大优势。

第二，具体到与贸易直接相关的制造业的增加值[1]，美国是2.34万亿美元，中国是3.86万亿美元，是美国的165%。也就是说，与商品贸易直接相关的制造业增加值，中国超过美国2/3，力量对比发生了反转。

之所以会发生反转，是因为美国总的经济体量虽然大，但是主要以服务业为主，服务业占到了GDP的80%左右。而中国的工业特别是制造业在GDP中的占比很大，服务业占比很小，只有52%左右。于是在经济总量和制造业增加值的数据间出现了反转。

第三，商品和服务的进出口总量是衡量一国对外经济往来情况的重要指标。美国2018年商品和服务的进出口总额为5.62万亿美元，中国为5.38万亿美元，二者在伯仲之间，美国略高一点。换句话说，如果用“商品和服务贸易经济体”的概念衡量，中国并不比美国小多少。

第四，剔除服务贸易额的商品贸易总额，美国是4.24万亿美元，中国是4.62万亿美元，中国反而高出美国一些。这是由于美国的服务贸易在全部进出口贸易中的占比较大，而且有竞争优势，属于服务贸易的净出口国。中国则是商品贸易在全部进出口贸易中占较大比重，具有竞争优势，属于商品贸易的净出

1 之所以强调制造业，是因为大部分服务业和对外贸易没有直接关系，与对外贸易直接相关的，主要是制造业和很小一部分服务业。目前中美双方加征关税的商品，主要是工业制造品及少量农产品。

口国。

通过数据对比，中美之间的竞争格局就比较清晰了。美国虽然是世界上最大、最强的经济体，但是与贸易谈判直接相关的商品贸易规模，美国并不比中国大。也就是说，用“商品贸易经济体”的概念衡量，中国不但不比美国小，还比美国大一点。中国世界工厂的名号并不是浪得虚名。

为什么要强调“商品贸易经济体”的概念？因为它和经济体的影响力直接相关。一个经济体的商品贸易体量越大，对世界贸易的影响就越大，这个经济体在国际贸易谈判中的影响力也就越大。如何善用这个影响力，就是谈判专家们要重点思考的事情。

在当今的全球贸易中，零部件、原材料等中间品的贸易占到了70%左右，最终制成品的贸易只占30%。这意味着全球已经形成了一个巨大的产业链，中美早已不是孤立的经济体，而都是产业链上的重要环节。美国加征的关税最终由谁承担，可能计算起来会非常复杂。

比如，中国从美国进口关键零部件，自主生产辅助零部件，组装为成品后卖回美国。这时候如果美国对成品加税，看起来收的是中国商品的税，但是美国提供关键零部件的厂商要不要承担一部分关税？购买产品的美国居民要不要承担一部分关税？通过改变定价，这都是很有可能发生的。

再比如，假如美国加征关税导致一些中国企业无以为继，美国的企业就需要找替代的供应链企业。这时候会有两种可能：一是短期内根本找不到替代的企业；二是替代企业的生产成本高一点或者高很多。但不管是哪一种可能，美国的企业都不太可能毫发无损，伤敌一千自损八百是大概率事件。

2019年6月，4家美国科技公司——戴尔、英特尔、惠普和微软发表联合声明，反对美国总统特朗普把笔记本电脑和平板电脑纳入针对中国商品加征关税的目标商品清单。这几家公司的理由是，美国的笔记本电脑、平板电脑制造商目前依赖中国供应商来满足美国市场的需求，增加这类商品的关税会增加电脑的生产成本，而且短期内根本不可能找到合适的替代供应商。这会导致美国本土笔记本电脑和平板电脑的价格越来越高，进而削减注重成本的美国中小企业、家庭和学生，甚至美国政府对电脑的需求，最终会影响美国的经济。

这一实例非常具有说服力。笔记本电脑、平板电脑等产品的核心技术在美国，芯片的研发在美国，售后服务在美国，芯片生产也不在中国，只有最后的组装和生产在中国。但是尽管如此，如果要改变供应链，美国付出的成本也还是极高的，这并不符合美国企业和居民的利益。

所以，在当今全球供应链的模式之下，中国虽然在尖端科技上和美国依然存在很大差距，但已经成为全球的生产和组装基地，是全球供应链上的重要一环，甚至是最重要的一环。这个地位是可以用来作为谈判筹码的。

除此之外，“商品贸易经济体”这个概念还告诉我们一件常常被忽略的重要的事：我们不仅卖了很多东西，还买了很多东西，是全球最大的市场，或者说是全球最大的市场之一。伴随着我国相对稳定的经济增速，几年后，中国就会成为全球最大的单一消费品市场，也就是最大的单一买家。俗话说，顾客是上帝，作为最大的买家，我们对全球贸易规则是拥有话语权的。换句话说，中美贸易摩擦是可以“谈判”的。

从过去两年来看，中美一直维持“谈谈打打”的局面。从2019年8月中下旬开始，中美贸易摩擦趋于缓和，并且在10月初的第13轮谈判中达成了“阶段性协议”。这种缓和的出现有两个背景。一是美国国内出现了一些反对的声音，毕竟美国家庭和企业也要负担加税的成本。二是美国将要进入大选周期，特朗普必须全力以赴谋求连任，不希望中美贸易摩擦分散他的精力。

但这种缓和一定是暂时的，只要中美两个超级大国的直接竞争关系一直存在，美国针对中国科技、金融的遏制就不会停止，摩擦将是未来的常态。面对这种格局，中国企业要做的，就是抓紧在中美贸易摩擦的缓和阶段补短板，提高自己的技术储备。此外，明白摩擦是常态，有助于克服中美贸易谈判中的急躁情绪，不对谈判结果急于求成。没有结果，也是一种结果；有暂时的结果，也是没有结果，因为摩擦还会反复。

但不管怎样，太阳还会照常升起。中国发展的决定性力量，仍然是内生的增长和转型动力。外在冲击可能改变周期的形状，但是不会改变历史的方向。当市场明白这个道理之后，资产的价格自然会反映“摩擦的长期化和常态化”。更准确地说，现在的资产价格，正在逐步消化这种长期摩擦带来的不确定性。

房地产调控：什么样的人敢于自废武功？

要讨论中国的宏观经济形势和资产配置，就不能不说房子。房地产，宏观上是国民经济的支柱产业，微观上是千家万户的财富载体。房价，可以说是神州上下的“国民话题”。

房价成为国民话题，背后的深层原因其实也是“恐惧”。有房的恐惧泡沫，恐惧调控，恐惧下跌；没房的恐惧买不起，恐惧现在不买未来更买不起。有房没房的人，都有恐惧的理由，都在恐惧中纠结。

恐惧和纠结，都是很不健康的心理状态。恐惧源于未知，谣言止于智者。中国的房地产市场，太扑朔迷离，亟须厘清真相。

没有人会否认，中国大城市的房子很贵。北上广深的房子，动辄要上千万元，多少人望房兴叹。普通人靠每个月那点工资，即使不吃不喝，要攒多少年才买得起房？初入职场的年轻人更感慨这世界太不公平：我还没开始奋斗，就已经落了下风。而这一切，难道只是因为生不逢时，晚了几年来到这世界?

反观那些已经买房的人：早年靠人生的第一桶金买了一套房甚至几套房的人，现在都已经实现了“财务自由”；以前住城乡接合部，靠拆迁分到好几套房的人，现在都过着舒适惬意的生活；山西、鄂尔多斯等地靠早年财富积累一栋栋地买楼的煤老板，现在手里房产的价格已经翻了好几番。中国社会的财富差距，就这样通过房产拉大了。

古人云，“不患寡而患不均”。一个财富分配严重不平等、阶层分化严重的社会，是可怕的。巨大的社会张力之下，众多专家张口就是“房地产泡沫”“房地产绑架了经济”“房地产挤压实体经济”。众口铄金之下，房地产泡沫的名声似乎是洗不掉了。可是这泡沫已经存在十几年了，房地产调控也在不断加码，泡沫怎么就是不破呢?

讨论之前，看一些基本的背景资料。

第一，从1998年住房商品化改革到现在，中国的GDP增速和房价增速其实是差不多的。也就是说，房价的增速并没有比经济总体增速快。考虑到房价属于资产价格，资产价格可以提前反映未来的收入增长，由此我们甚至可以说现在的房价增速其实慢了，至少不快，没有反映未来的经济和收入的增长。

第二，世界上很多国家和地区，在经历经济快速增长和城市化的过程中，都出现过房价大幅上涨的情形。比如，日本、韩国、英国、法国、西班牙、意大利、荷兰、爱尔兰、比利时、新加坡、马来西亚、南非、印度、越南及中国香港地区。另外一些国家（地区）虽然经济没有快速增长，但是房价却涨得很快，比如德国。所以，中国房价的上涨并不是特例，而是世界的普遍现象。

第三，中国一线城市房价很高，和东京、首尔、伦敦等城市的房价水平相当。但相比其他一些国际大都市，比如纽约、新加坡等，还是便宜了不少。印度的人均收入虽然只有中国的1/5，但是印度孟买的房价却直逼北京、上海。所以，我国一线城市房子贵并不是特有的现象，而是全球各大城市共有的现象。

看完这三组基本证据，我们在讨论房价的时候，可能会稍微平和一点。中国房价的上涨，放在全球范围内看，真没有那么特殊。很多其他国家房价的上涨幅度，和我们比一点也不逊色。比如，在经济曾快速增长的英国、爱尔兰、荷兰、韩国，当时它们国内房价的涨速都比中国快。只不过，鞭子不打在自己身上，就体会不到疼。面对他国房价的上涨，我们只有看热闹的心态。等到自己国家的房价上涨，我们才感受到切肤之痛。

为什么各国房价都普遍上涨？这和房子的基本性质有关。房子不仅有居住属性，还有投资属性。房子之所以具有投资属性，不仅因为房子可以“长期保存”，是天然的价值存储工具，还因为房子的价值随着经济、城市、物价一起增长。

城市是现代经济的发动机，是国民经济的载体。就当今的主要发达国家而言，国民经济中98%都是工业和服务业，农业只占了不到2%的份额。与此对应，98%以上的就业也在城里。于是，更多的人涌进城市，带动房租和房价持续上涨。

越多的人涌进城里，城市就需要越多的基础设施建设投资。购买城里的房子，其实买的不是钢筋、水泥、砖头，而是变相购买了城市里的基础设施投资。各个国家每年绝大多数的投资都去了城市，包括投资道路、供水、供电、绿化、通信等硬件设施，投资学校、医院、治安、环保等软件设施。

有句话叫“城市让生活更美好”。你知道这美好来自哪里吗？其实就是大量的资金投入。这些投入让城市更便利、更宜居，吸引更多的人来，然后城市就会“升值”。而买房子，就是分享这一升值。如果不买房子，国家对城市的投资就和你没关系了。其实国家投资的钱也都是来自各种税收，都是你、我和大家的贡献。所以，房子不仅是遮风挡雨的小窝，更是城市的股票。你买房，就是买城市的股票，分享城市的投资，分享城市的增长。

房子是城市股票的道理，其实很多人都懂，尤其是富豪们。根据全球知名房地产咨询公司莱坊（Knight Frank）历年的《财富报告：全球豪宅和投资展望》，身价在3000万美元以上的高净值家庭，会把40%以上的财富配置在房产上，然后才是股票、债券类投资工具。因为从长期看，房产的回报率最高，比股票高2个百分点。在过去的140多年里（1875—2015年），根据16个发达国家的数据，股票的平均回报率是4.6%，而房产的回报率达到了6.6%（都是扣除了通胀后的数据）。也就是说，房产的长期回报，比股票多了将近50%。

上述数据可能和很多人的直观印象相左。在很多人的认知中，这世界充满了房地产泡沫，动不动就是泡沫破灭引发的经济危机——日本1990年的泡沫，美国2007年的次贷危机，都和房价泡沫破灭息息相关，也都在人们的记忆里留下了深深的印记。但从更长的历史周期看，绝大多数时间里，世界的房价都是稳步上涨的，而且上涨速度并不慢。只是温水煮青蛙之下，人们感觉不深刻而已。让人们有更深刻感觉的泡沫和泡沫的破灭，不过是匆匆一瞬间的浪花。

关于房价还有两个问题。

第一，中国房价涨了那么多，有没有涨过头？其实没有。通过理论推导以及对各国经验的研究，我们概括出了房价增速的公式。房价的长期增速等于经济增长速度、通货膨胀速度和城市化速度之和：

房价增速=经济增速+通货膨胀速度+城市化速度

根据这个公式，过去20年的中国城市房价应该涨多少呢？过去20年的平均经济增速大约是9.5%，通货膨胀速度大约是2.5%，城市化速度大约是1.5%，三项加起来，每年的房价增速就是13.5%。也就是说，根据前述公式，我国过去20年城市房价应该增长12.5倍。这个速度和实际的全国房价平均增速差不多，大城市增长快一些，小城市慢一些。所以，我们没有证据证明中国的房价涨过头了。

很多人拿中国现在的房价和日本1990年时的比。但二者其实根本没有可比性。1990年，日本全国土地的价值是美国的4倍，而美国的国土面积是日本的25倍。从单位面积土地价格来看，日本美国地价之比，达到了惊人的100左右。东京帝国广场下面2.6平方公里左右（1平方英里）土地的价格，比美国整个加利福尼亚州的土地价格还高。要知道，加州不是美国偏远的不毛之地，而是美国的“阳光之州”，以房价昂贵著称。这样的价格对比之下，日本的房地产泡沫当然是很严重的。

日本的房地产泡沫是怎样形成的呢？当然是地价的疯狂上涨。从二战结束到1990年，日本的地价累积上涨了1000多倍。反观中国，从1998年到现在，房价也就上涨了不到20倍。所以，中国和日本当初的情况并不一样。尽管中国的房价很贵，但是贵不代表一定有泡沫。

第二，房价没有涨过头，没有泡沫，政府为什么要反复进行房地产调控？

这个问题涉及对房地产调控本质的理解。前文提到，房价导致社会的财富差距拉大，有房和没房已经成为衡量财富状况的首要指标了。这是很不合理的状况，房产所导致的贫富差距对社会稳定已经产生了一定的影响。

在这样的背景下，政府才出台了房地产调控的政策。你如果仔细看政府文件就能发现，房地产调控的目标，并不是降低房价，而是降低房价的增速，即“防止房价增速过快”。这样，还没有买房的人，才有机会买房，分享经济增长和城市化过程中的财富增值。否则，全社会的财富差距会越拉越大，对社会稳定构成威胁。

我们也可以从限购政策中看出端倪。绝大多数城市对于首套住房没有限制措施，首付比例也很低，对购买二套房、多套房才会采取严格的限制措施。从这个角度看，所谓限购：不是不让你买，而是不让你多买；是剥离住房的投资属性，保留其居住属性，达到“房住不炒”的目标。尽管限购政策在设计上存在这样那样的问题，需要不断完善，但是“房住不炒”的大方向并没有问题。

厘清房地产的真相，是想帮助你看清两件事情。

第一，中国的房地产市场，远没有一眼看去的那样悲观，也根本无须恐惧。中国房地产没有泡沫，政府的调控属于“预调微调”，有利于防止泡沫形成。有房的没有必要担心房价下跌，没房的要抓住房地产调控的机遇买房。恐惧，有点多余。

第二，中国的经济也远没有有些人想的那么悲观。如果经济真的不行了，政府大可以放松房地产调控，刺激经济增长，实现短期增长。如果是一个仅仅着眼于当下的政府，大概率会这么做。然而在经济下行趋势明显的节骨眼上，我国政府不仅坚守“房住不炒”，还明确表态“不用房地产刺激经济”，充分体现了“壮士断腕”的勇气。为了防止贫富差距进一步拉大，为了提高长期经济增长的质量，政府不惜自己废掉“用房地产刺激经济”这门很顺手的武功，值得我们深思。

一个值得追问的问题是：什么样的人，敢于自废武功？壮士断腕，是需要勇气的。背后的原因，只能着眼于未来找答案。[1]

经济的韧性：转型悄然发生

2019年经济下行，迟迟没有触底，找不到新的经济增长点，“经济转型”的困难凸显。这是人们悲观的另一原因。“经济转型”是个老掉牙的词汇，它如此之老，以至人们不愿再提起。早在2011年3月5日，时任国务院总理温家宝在十一届全国人大四次会议上做政府工作报告时就指出，我国发展中“不平衡、不协调、不可持续”的问题依然突出。经济急需转型。但在经济下行的背景下，稳增长成为短期内更加迫切的任务。这时候，人们不愿意提起转型，转型看起来更加没有希望。

然而，转型真的没有希望吗？

这世界上有两种转型。一种是没有基础硬要转型。强扭的瓜不甜，这样的转型很难成功，转了也会倒回去。另一种是有基础的转型。既然有基础，就很可能发生。如果还没有发生，

1 想要进一步了解房产，可以参考本书第三章和第四章的内容。也可以关注微信公众号“徐远观察”上的《徐远的房产财富42讲》（音频课程）以及徐远《城里的房子》，中信出版社2018年版。

可能是因为某种原因耽误了，时机没到。

中国的转型，是前一种，还是后一种？

我国以前的经济结构，是特殊历史阶段的产物，也带来了经济上巨大的增长。当特殊历史阶段成为过去，这种经济增长方式就变得不可持续，特殊的经济结构也会向正常的经济结构回归。

其实，中国经济结构转变所引发的经济转型，已经悄悄发生了，转型的拐点就在2013年。这一年，中国的经济结构发生了三个显著的变化。

第一，2013年是中国房地产分化元年。在此之前，大中小城市的房价是同涨同跌的，一、二、三线城市的房价涨幅都差不多。从2013年开始，房地产价格由以前的大、中、小城市“同涨同跌”，转变为“大城市大涨、中城市中涨、小城市小涨”。这一分化，与人口流动方向的变化相一致。从2013年开始，人口加速向大城市流动，中小城市人口流入速度则显著降低。尽管大城市的人口控制政策越来越严，但是依然难改人口向大城市聚集的趋势。

第二，2013年是服务业经济元年。2013年，第三产业在国民经济中的比重达到46.9%，超过第二产业的44.2%，首次成为新中国成立以来国民经济的主导产业。此后服务业在国民经济中的比重就一直在增加，到了2018年，已经达到52%。以服务业为主的经济时代，已经悄然到来。

第三，2013年大城市接力工业化，成为经济增长的主发动机。这一年，一线城市的经济增长速度，反超二、三线城市，这标志着城市化正式接力工业化，成为经济增长的主发动机。背后的原因是大城市基础设施好，创新能力强，市场发育完善，内生的增长动力强，能够更好地对抗经济下行。在经济下行时期，大城市能够更好地起到经济自动稳定器的作用。此外，消费型城市增速反超投资型城市，消费时代的曙光已经露出地平线。[1]

人类是短视的。人们往往高估短期剧烈变化的效果，低估长期缓慢变化的作用。历史在不经意间已经发生了巨大的变化，犹如温水煮青蛙一般。如果我们比较2008年和2018年的经济结构，就会发现变化何其明显。消费占比已经显著提升，净出口比重已经大幅下降，服务业部门已经是国民经济的主导部门（如下表5-4所示）。中国在等待制造业的升级，服务业的现代化。

表5-4　2008年和2018年中国经济结构对比

（单位：%）

	2008 年	2018 年
最终消费占比	49.2	54.3
投资占比	43.2	44.9
净出口占比	7.6	0.84
服务业占比	42.9	52.2

1　关于这三个转型的详细讨论和系统分析，参见徐远《从工业化到城市化》，中信出版社2019年版。

一个非常有趣的现象是，这两年生活在北京的人们，已经不再像前几年那么爱晒蓝天白云了。为什么呢？因为物以稀为贵，当蓝天白云成为一种“新常态”，就没有晒的必要了。北京的空气像一面镜子，不一定完整，但清晰折射出中国经济“转型”的影子，即“在工业化单兵突进背景下，综合配套正在努力跟上工业化的脚步”。

中国改革开放40多年来的经济增长，是以快速工业化为基本驱动力的。也就是说，快速工业化支撑了中国经济的快速增长。全球第二大经济体、最大的贸易体、世界工厂，说的都是工业化的故事。我国如此快速的工业化进程得益于技术的进步、充足的劳动力及资金的快速累积，有了这些做基础，工业化就是复制、升级、迭代、再复制的过程，发展速度就可以非常快，甚至快得让你觉得有问题。

实际上，中国一直以来的经济结构问题，就是工业化发展速度太快导致的，其他领域的发展跟不上工业化的脚步，比如城市化。城市发展和工业化进程不一样，城市是比工业制造更加复杂的系统，无法通过简单复制获得发展。一味简单复制，很容易造出“鬼城”。即便要采用复制的办法，也只能复制一部分，不能复制全部。比如，城市的建设和规划等硬件基础设施我们可以复刻。但硬件部分采用复制的办法其实已经很难了——建筑和规划都已经是很难的工业技术了；软件部分就不是复制能够解决的了——教育、医疗、文化、风俗习惯等软实力建设需要慢慢改变。所以，城市的发展，需要更长的时间。

从图5–3上看，我国城市化与工业化的比率明显低于世界平均水平，更低于代表发达国家的G7（7国集团）。“工业化超前，城市化滞后”是我国经济结构的本源性特征，也是很多经济结构问题的根源。

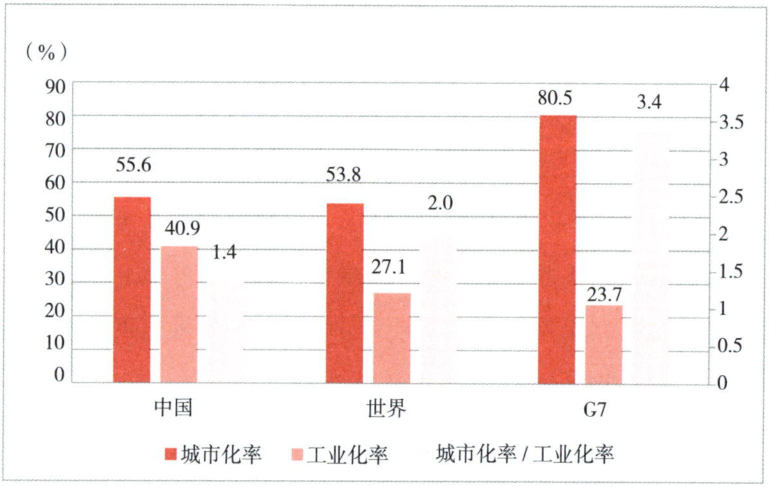

图5–3　我国工业化水平、城市化水平和世界的比较[1]

比如“过度投资”，即投资占GDP比重过高的问题。实际上，当工业发展很快时，投资增速必然很快，当投资增速快于消费的增长，投资占比必然偏大。为了配合工业制造的发展，很多地方都需要投资，在这个阶段投资高是有其必然性的。不

1　徐远，《从工业化到城市化》，中信出版社2019年版，第56页。

投资的话，就不会有那么多设备，那么多房子，那么多道路，那么多机场。没有这些，就没办法搞生产，没办法搞出口，中国就不会有世界工厂的地位。

再比如服务业占比低的问题。工业化太快，服务业发展跟不上，直接的后果就是服务业占比低。为什么服务业跟不上？因为服务业的进步天然具有慢的属性，而且服务业的发展依赖于城市的发展，城市发展慢，服务业的发展也快不了。从国际上看，城市化相对于工业化较慢的国家，服务业占比都比较低，这是正常的现象。

简言之，很多人对中国经济转型的担忧，有点言过其实。对于中国而言，所谓的经济结构问题，不过是工业化太快了，是“幸福的烦恼”。现在工业化发展慢下来了，经济结构问题，经济发展方式“不平衡、不协调、不可持续”的问题，也就能够逐渐得到解决了。再过几年，健忘的人们可能会忘记曾经有过“经济转型”问题。盘旋在中国经济上空的“恐惧”，就此散了吧。

现在我们唯一需要担心的是创新的不足，特别是核心技术的短板。根据《科技日报》的总结，经过40年发展，依然有35项影响我国发展的核心技术掌握在别国手中（如下表5-5所示）。未来的产业升级，依赖于在这些核心领域的突破和发展。

表5-5 制约我国科技发展的35项核心技术[1]

	技术	企业	国家和地区
1	光刻机	阿斯麦（ASML）	荷兰
		尼康（Nikon）	日本
		佳能（Canon）	日本
2	芯片	高通（Qualcomm）、博通（Broadcom）、超威半导体（AMD）、亚德诺半导体（Analog Devices）等	美国
3	操作系统	谷歌（Google）、微软（Microsoft）、苹果（Apple）	美国
4	航空发动机短舱	古德里奇（Goodrich）、奈赛（Nexcelle）	美国
5	触觉传感器	欧姆龙（Omron）等	日本
6	真空蒸镀机	Canon Tokki（日本 OLED 显示器材料沉积设备制造商）	日本
7	手机射频器件	思佳讯（Skyworks Solutions）、科沃（Qorvo）、博通（Broadcom）、高通 (Qualcomm)	美国
8	iCLIP 技术（RNA 和蛋白质靶点配对）	因美纳（Illumina）	美国
9	重型燃气轮机	通用电气（GE）	美国
		三菱（Mitsubishi）	日本
		西门子（Siemens）	德国
		安萨尔多（Ansaldo）	意大利
10	激光雷达	威力登（Velodyne）	美国
11	适航标准	美国联邦航空管理局（FAA）	美国
		欧洲航空安全局（EASA）	欧盟
12	高端电容电阻	村田（muRata），东电化（TDK）	日本

1 资料来源：《科技日报》2018年4月19日至7月3日刊登的35篇“是什么卡了我们的脖子——亟待攻克的核心技术”系列报道。包括《这些“细节”让中国难望顶级光刻机项背》，《科技日报》2018年4月19日；《中兴的“芯”病，中国的心病》，《科技日报》2018年4月19日；《扫描电镜“弱视”，工业制造难以明察秋毫》，《科技日报》2018年7月3日等。

续表

	技术	企业	国家和地区
13	核心工业软件	铿腾电子科技（Cadence）、新思科技（Synopsys）、明导国际（Mentor Graphics）	美国
14	氧化铟锡（ITO）靶材	三井（Mitsui）、东曹（Tosoh）、日立（HITACHI）、住友（Sumitomo）等	日本
		三星（Samsung）	韩国
		康宁（Corning）	美国
15	核心算法	发那科（FANUC）、安川（Yaskawa）	日本
		阿西亚－布朗－勃法瑞（ABB）	瑞士
		库卡（KUKA）	德国
16	航空钢材	通用电气、普拉特·惠特尼（Pratt Whitney）	美国
		劳斯莱斯（Rolls-Royce）	英国
17	铣刀	林辛格（Linsinger）、MFL（大型机械设备设计与制造公司）	奥地利
18	高端轴承钢	铁姆肯（TIMKEN）	美国
		斯凯孚（SKF）	瑞典
19	高压柱塞泵	川崎重工（Kawasaki）	日本
		博世（BOSCH）	德国
20	航空设计软件	诺世创软件（MSC）	美国
		达索（Dassault）	法国
21	光刻胶	东京应化（tok）、JSR（一家生产销售液晶材料的公司）、住友化学（Sumitomo Chemical）、信越化学（Shin-Etsu Chemical）等	日本
22	高压共轨系统	博世、大陆集团（Continental AG）	德国
		美国德尔福（Delphi）	美国
		日本电装（DENSO）	日本
		蔡司（Zeiss）	德国

续表

	技术	企业	国家和地区
23	透射式电镜	日本电子（JEOL）、日立	日本
		FEI（生产经营多种科学仪器的公司）	美国
24	掘进机主轴承	罗特艾德（Rothe Erde）、IMO（大型滚动轴承和组件式传动系统制造商）、舍弗勒（FAG）	德国
		斯凯孚	瑞典
25	微球	积水化学（Sekisui Chemical）	日本
26	水下连接器	Teledyne ODI（提供海底电气、光纤连接器等产品的公司）	美国
27	燃料电池关键材料	丰田（Toyota）等	日本
28	高端焊接电源	哈夫曼（Hafmynd ehf）	芬兰
29	锂电池隔膜	旭化成（AsahiKASEI）、东燃化学（Tonen Chemical）	日本
		Celgard（生产和开发高性能膜分离器技术的企业）	美国
30	医学影像设备元器件	西门子	德国
		飞利浦（Philips）	荷兰
31	超精密抛光工艺	应用材料（Applied Materials）、诺发系统（Novellus Systems）、鲁道夫技术（Rudolph Technologies）等	美国
		荏原（Ebara）、东京精密（Tokyo Seimitsu）	日本
		亨斯迈（Huntsman）	美国
32	环氧树脂	东丽（Toray）	日本
33	高强度不锈钢	卡彭特（Carpenter）	美国
34	数据库管理系统	甲骨文（ORACLE）、国际商业机器（IBM）、微软、天睿（Teradata）	美国
35	扫描电镜	FEI	美国
		日本电子	日本

核心技术的突破，无疑依赖科研攻关。而其他领域的创新，则主要依赖扩大开放，学习国外已有的技术和经验。我国近年来的经济政策，一直是鼓励开放的。2019年最新制定的《中华人民共和国外商投资法》是一个值得注意的信号。根据这部法律，对于外商投资，我国将采取“负面清单”的管理方法，负面清单上不涉及的领域，外商都可以投资，而且负面清单有越来越短的趋势。在“法无禁止即可为”的情况下，也免去了层层审批的烦琐程序，这将大大有利于外资的进入，有利于市场和科技创新。

天下熙熙，皆为利来；天下攘攘，皆为利往。当中国打开潜力巨大的市场，拥抱世界各国的企业和科技，就能成为当今最好的创新土壤。

收获的季节：2020 我去钓鱼了

上述的一切讨论，都是为了预判未来的资产走势。谁也没有预见未来的水晶球，所以我们只能尽可能多地掌握资料，尽可能严谨地推敲，依据逻辑和证据判断未来可能发生的事情。

资产价格，是经济基础的影像。讨论资产价格，还是要从经济基础说起。经济分析中有一句俗话：长期看供给，短期看需求，需求看政策。

看长期。经济增长没有其他办法，只能靠日积月累的技术进步。经济变迁宛如新陈代谢，变化会在不经意间发生。经过多年的调整，过去已去，未来已来，低效的企业会慢慢出清，等待救助的企业不会等来救助，而只有默默积累、默默耕耘的企业会浮出水面，占领属于它们的市场。

看短期。2020年是收获之年。经济翻番的任务必须完成，2020年，不管是财政政策，还是货币政策，都会走向稳健宽松，因为它们要为经济翻番的任务保驾护航。

看经济政策。2019年我国在经济政策上的表现已经较为积极，2020年将更进一步。三大都市圈（京津冀、长江三角洲、珠江三角洲）以及众多核心大城市的基础设施建设还有很大的提升空间；各大城市还需要更多投资，才能承载更高水平、更高质量的城市化。所以，未来会有更多的投资项目获得政府的批准，开工建设。

看货币政策。2019年我国在货币政策方面保持了相当的定力，货币政策面临两难的困境是重要的原因。在非洲猪瘟的影响下，猪肉和食品价格上涨很快，带动CPI快速上涨。2019年9月CPI同比增长高达3%，到达了通胀指标的上限。但是，非食品的通胀水平只有1%左右，而且更加反映经济周期的PPI是-1.2%。简言之，猪肉和食品的价格是通胀的，非食品和工业品的价格是通缩的。在宽松和收紧之间，货币政策无法做出抉择。预计2020年，猪肉和食品通胀情况将逐渐下降，加上美国和全球进入降息周期，我国目前利率水平较高，采取货币宽松政策的空间较大。

看房地产调控。自2016年国庆节开始的这一轮房地产调控已经实施了3年，不仅是“史上最严”，而且“历时最长”。这轮房地产调控成功地抑制了“房价的过快上涨”。特别是一线核心大城市的房价，3年来涨幅很低，房地产调控的任务在大城市已经出色完成。而二、三线城市的房价，出现了不同程度的补涨。从相对价格上看，二、三线城市的房价，特别是中小城市的房价，已经不便宜了。换句话说，在坚持“房住不炒”“一城一策”基调的前提下，中国的房地产调控将迎来新一轮调整。城市居民改善居住的需求，也要得到满足。预计在不久的将来，二套房调控政策将逐步放松，满足民众改善居住的需求。

站在2019年到2020年的拐点上，给定中国经济的内生动力和外在环境，我们对于2020年的大类资产价格趋势有了更积极的预判。

股票。经过2019年的调整，不管是基本面业绩，还是市场情绪，都将在2020年得到一定修复。股票市场在2019年已经开始波动上涨，但目前估值水平依然较低，股市还存在上涨空间。

债券。随着全球利率的下行，中国货币宽松的空间进一步打开，中国基准利率将跟随全球趋势下行，债券价格将相应上涨。

房地产。为了满足人们更高质量的居住需求，房地产调控政策将会微调。房产价格，尤其是大城市房产价格存在上行空间。

是的，你没有看错，我们看多中国的资本市场，在一片恐惧之中。

股神巴菲特曾在三个不同的场合重复说过一句话：“别人贪婪的时候你要恐惧，别人恐惧的时候你要贪婪。”[1] 2008年金融危机时，市场一片恐惧，股神站出来接受采访时说，他在“买入美国”，事后看这是神来之笔。2008年，道琼斯指数低点时只有7000多点，而现在已经达到27000多点。11年的时间，几乎翻了两番。不幸的是，绝大多数人都是“别人”。在2007年股市高点的时候，“别人”贪婪，很多人跟了进去，48元钱买入中石油，至今深度套牢，这就是“别人”的命运。现在，“别人”都在恐惧。你要思考的是，要不要跟着恐惧。

如果你决定跟随逻辑的力量，对中国经济的方方面面进行重新考量，你也许会和我们一样，得到关于2020年更明朗的判断——2020年，是转折之年，过去多年的调整，将暂时告一段落。有破有立，经济政策的重点，将由“破”转向“立”。

从2019年到2020年，经济形势和资产价格都会出现好转。

在金融资产的配置上，如果你错过了2009年的含苞待放，希望不要再错过2020年的花蕊绽开。当然，等到花开的时候，也不要忘记花开花又谢，花谢花又开。

1 巴菲特说这句话的三个场合分别是：1987年和2005年致股东的信中，以及2008年在《纽约时报》的一次采访中。

尾声

上坡路和下坡路不是同一条路

上坡路和下坡路是同一条路。

——赫拉克利特

有一段时间我特别迷恋古希腊哲学家赫拉克利特（Heraclitus）的这句话。作为一直生活在“中国奇迹”光芒下的一个学者，我几乎以为财富的增长是一件必然的事情，并非选择的结果。下坡路只是另一段上坡路的弯道而已。

直到2019年，我回头看，才猛然意识到，在一段强趋势的上坡路之后，中国早已经进入了一个幽谷地带。这几年之所以跌跌撞撞，其实是因为地形地貌、风速温度都和之前不再相同。

2019—2020年，是幽谷地带的尾声，之后的道路，都将是选择的结果。

工业化高潮在2012年结束，大规模的城市化在2013年结束。地产、基建、固投……这些我们熟知的，代表着增长和财富的词语开始逐渐隐退。一些更轻盈的词语，比如服务业，人力资本密集行业、知识经济、数据要素等，开始频繁出现在生活中。只是在幽谷中盘旋的我们，还不是那么清楚，这些词究竟会以什么样的形态，通往哪条路。

2019—2020年，是幽谷地带的尾声，也将是“岔道”的起点。

对内，经济转型的磨合过渡期基本结束，增长动力从工业化主导转向城市化主导，从制造业转向服务业；对外，中美经济合作博弈竞争的格局将长期化和常态化。

长期来看，中国终将进入万元美金社会，中产化的消费方式逐渐成为主流，数字化的技术变革成为行业（职业）变化的基本变量；短期来看，给定经济周期谷底徘徊的现状和经济翻番的目标，在2019第4季度到2020年面临着宏观面的适度放松。

这些约束条件下的2020年，“钱从哪里来”这个关于个人财富累积的灵魂拷问不再是简单的填空题，而成了复杂的选择题。

如果将财富分解成人力资本和资金资本的增值，职业和城市的选择是人力资本增值的载体和土壤，房产和其他金融资产的短期配置则是资金资本增值的决定性因素。

——决定职业未来的是关于“推石头”（可编码的重复性工作）和“滚雪球”（创造性或者个体化的技能性工作）的选择；

——决定城市附加值的是关于规模、知识外溢和专业化外溢的选择；

——决定房产价值的是关于气候、时间成本和附加值的选择；

——决定资产配置优化路径的是有关贪婪和恐惧的选择。

每一种选择通向不同的财富之路。从此，上坡路和下坡路，不再是同一条路。

致　谢

致谢得到。致谢振宇兄和不花姑娘。从“香帅的北大金融学课”开始，我意识到，一个人会被自己的产品塑造和改变。谢谢你们点燃我的梦想，并决定用生命的长度去丈量这个国家和百姓的财富轨迹。

致谢团队。这不是我一个人的作品。徐远、惠璇、靖、子浩和佳雯，谢谢你们和我一起在庞大的数据里，在城市的街头，在企业的会议室和文献的故纸堆里发掘。在喜悦、思索、痛苦和煎熬的11个月里，谢谢北京大学博士、北京工商大学李惠璇教授在第二章的研究和撰写中的深度参与；谢谢北京大学博士、中国农业大学陈靖教授在第三章的研究和撰写中的深度参与；谢谢北京大学陈子浩在第四章的研究和撰写中的深度参与；谢谢北京大学徐远教授在西双版纳闭关两周搭建研究框架和亲自执笔第五章。

致谢张斌教授关于中国经济转型的独特的框架性思考。我等他的专著出版已经等了两年。

致谢丽丽、晓蕊包容我的拖沓与疲懒，并在最短的时间里承担了极度繁重的文稿修改和编辑工作，没有你们，就没有这本书的完稿和成型。致谢吴博、轶男、筱颖、诺诺、烁烁、亦然，还有得到的好多小伙伴，你们是最好的partners（伙伴）。

致谢腾讯的罗征（祝福刚离职创业的你）、沛姿、臻真和广告营销部的小伙伴们，致谢蚂蚁金服的舒眉、阿里巴巴的潘则福和盒马鲜生的瞿杰，致谢河狸家的吉庆仲萍和方芳，致谢山西吕梁民间羽毛球俱乐部的王学武和薛梅、普林斯顿大学经济学教授熊伟、山东豆黄金的张京宝。谢谢你们为这个研究所提供的一切帮助和洞察。也深深感谢那些我们深度访谈过的、出现在本书中的普通人：家政从业者钟小华，手工艺人涂小六，IT从业者万立，医生王松……谢谢你们。这是替你、我及和我们一样的普通人写的一本书。

致谢我的家人。尤其要谢谢姐姐丸子。你从小就是我的标尺，让我的任性不偏离轨道，你踢着我走上了研究和写作的道路，你在工作最繁忙的时候承担了所有照顾母亲的重任，让我安心为使命逃避责任。你是我唯一的英雄。谢谢2岁的糖君，你的出现是我生命中的阳光。

致谢2019年香帅系列线下大课“做财富的朋友”的近2000